HISTORIQUE
DE LA
GUERRE

Fascicule n° 20

PAR

Ferdinand BAUDOUIN

Ancien Officier de Réserve
paix à Ruffec, Maire de Couture-d'Argenson (2-Sèvres)
Officier de l'Instruction Publique

HISTORIQUE

DE

LA GUERRE

PAR

Ferdinand BAUDOUIN

Ancien Officier de réserve,
Juge de Paix à Ruffec, Maire de Couture-d'Argenson,
Officier de l'Instruction Publique.

VINGTIÈME PARTIE

Combats dans la région de Lombaertzyde.
Beau succès des Français au nord de Mesnil.
En Prusse orientale, les Allemands bombardent Ossowiez.
Les Russes progressent en Galicie.
Victoire des Russes à Prasnysz.
Nos progrès continuent en Champagne et vers Vauquois.
Les flottes alliées pénètrent dans les Dardanelles.
Le Tsar reçoit le général Pau à Pétrograd.
Violent combat à Notre-Dame-de-Lorette.
Bombardement d'Antivari par des navires autrichiens.
Avance franco-belge dans la région des Dunes.
Bombardement des forts de Smyrne par les flottes alliées.
Prise par les Français du Reichackerkopf (Vosges).
Un sous-marin allemand « U-12 » est coulé par l' « Ariel »

NIORT

IMPRIMERIE TH. MARTIN

Rue Saint-Symphorien

1915

HISTORIQUE DE LA GUERRE

27 FEVRIER 1915

Combats dans la région de Lombaertzyde. — Beau succès des Français au nord de Mesnil et de Perthes. — Une attaque allemande est repoussée à Laneuveville. — En Prusse Orientale, les Allemands bombardent Ossowiez. — Les Russes progressent en Galicie.

Situation des armées sur le front occidental

Les Allemands viennent de donner une nouvelle preuve de leur cruauté. On pourra dire que, dans la guerre actuelle, ils ont employé, en les modernisant, tous les moyens de combats plus ou moins barbares de leurs ancêtres les plus reculés. Le communiqué d'hier nous fait connaître qu'entre Argonne et Meuse, au bois de Malancourt, l'ennemi a aspergé une de nos tranchées avec un liquide enflammé et que nos soldats ont été grièvement brûlés. Il nous semble revenir à l'époque à laquelle les défenseurs d'une citadelle versaient de l'huile bouillante sur la tête des assaillants.

Nos troupes se sont vengées en contre-attaquant immédiatement les vandales, en leur infligeant de fortes pertes et en faisant des prisonniers.

C'est toujours en Champagne que notre activité est la plus grande. La bataille continue et nous enlevons progressivement les positions ennemies sur le front que nous avons choisi. Nous remontons encore au nord de Perthes et de

Mesnil-les-Hurlus et nous élargissons notre front tout en consolidant nos gains. Les Allemands ne veulent pas reconnaître leur échec sur cette partie du front et leurs communiqués prétendent que les combats tournent à leur avantage.

Autour de Verdun, il n'est guère signalé, pour la journée d'hier, que des duels d'artillerie qui ont été préjudiciables à l'ennemi, puisque nous lui avons démoli quelques pièces d'artillerie, détruit des caissons de munitions et anéanti un détachement.

Au bois Brûlé (sud de Saint-Mihiel), la lutte continue. Depuis quelques jours, il n'est plus question d'opérations importantes en Haute-Alsace, où nous étions menacés de fortes attaques allemandes. Les journaux suisses nous apprennent que quelques combats ont lieu dans le triangle Metzeral, la Schlucht et Sulzéré, sur un front de 12 kilomètres, et que la lenteur des mouvements est due à l'abondance des neiges et aux tempêtes continuelles.

F. B.

Nouvelles diverses publiées par les journaux

— On annonce, sous toutes réserves, que le maréchal Von Hindenburg, qui commande en Pologne, va se rendre sur le front occidental et prendre le commandement en chef des troupes qui opèrent sur ce front. Des troupes d'élite arrivent en Belgique pour prendre part à l'assaut contre les lignes alliées.

— Une croisière française vient d'arrêter et d'amener à Brest le *Dacia*, navire allemand acheté par des Américains, et dont la cargaison était conduite en Allemagne. Le tribunal des prises statuera.

— Un vapeur suédois vient d'arriver à Ymuiden (Hollande) avec une déchirure à tribord; ce bateau avait touché une mine.

— On annonce qu'un navire de commerce anglais a été

torpillé par un sous-marin allemand près de Saint-Valéry-sur-Somme.

— Le commandant Girod, député du Doubs, chef du service aéronautique du gouvernement militaire de Paris, a été victime, hier, d'un léger accident. En atterrissant brusquement, son pilote et lui ont été légèrement contusionnés.

— Un chalutier anglais a recueilli en mer et amené à Lowestoft deux aviateurs allemands qu'il avait recueilli dans la mer du Nord. Ils étaient cramponnés à leur appareil depuis deux jours; l'appareil était à demi-submergé.

— Une épave vient d'être rejetée sur la côte suédoise; c'est un panneau portant l'inscription : « Sous-marin *U-9*, Hambourg. » Ce qui paraît indiquer la perte d'un sous-marin allemand.

— Le lieutenant André Mesureur vient d'être cité à l'ordre du jour pour action d'éclat devant l'ennemi.

— Un télégramme de Washington fait connaître qu'une commande de matériel de guerre, faite par la Roumanie, n'a pu avoir de suite en raison de ce que les fabricants américains ont des engagements de pris avec d'autres gouvernements européens.

— Un croiseur cuirassé français vient d'amener à Toulon un convoi de prisonniers de guerre ottomans. Ils seront internés sur le *Shamrock*, ancré dans le port.

En Russie. — La bataille en Prusse orientale paraît devoir être favorable aux Russes. Leurs troupes, brisant courageusement la résistance des Allemands, progressent vigoureusement. Les pertes ennemies sont très grandes. Toute offensive sur Varsovie par le nord-est est devenue impossible. Les Russes sont également victorieux dans les Carpathes.

En Turquie. — La flotte alliée, composée de 40 navires de guerre, continue à croiser dans les Dardanelles; hier, l'escadre a détruit le fort Intepé et bombardé des campements turcs établis à Chotari. Les trois cuirassés français

Suffren, *Gaulois* et *Charlemagne* ont pris une part active à la destruction des forts. Ils n'ont subi aucune avarie.

Documents historiques, récits et anecdotes

— LA DESTRUCTION DES FORTS DES DARDANELLES. — Les quatre forts principaux qui défendaient l'entrée des Dardanelles étaient : 1° la batterie du cap Helles, armée de deux canons de 9,2 pouces; 2° le fort de Seddul-Behr, armé de six canons de 10,2 pouces; 3° le fort Orkarieh-Dabia, armé de deux canons de 9,2 pouces, et 4° le fort Kum-Kalovsi-Tabia, avec quatre canons de 10,2 pouces et deux de 5,9 pouces.

Le temps s'étant amélioré, bien que le vent continuât à souffler du sud-ouest, l'attaque contre les forts reprit jeudi, à dix heures du matin. Le *Queen-Elisabeth*, l'*Agamemnon*, l'*Irrésistible* et le *Gaulois* commencèrent posément à bombarder à longue portée, respectivement les ouvrages 1, 2, 3 et 4. Le fort du cap Helles riposta et un obus turc atteignit l'*Agamemnon* à 1.000 yards, tuant trois hommes et en blessant grièvement cinq autres. L'*Irrésistible* et le *Gaulois* dirigèrent un feu excellent contre le fort Orkarieh-Dabia et le fort Kum-Kalovsi-Tabia, tandis que le *Queen-Elisabeth* concentrait une canonnade bien pointée sur le fort du cap Helles, dont à onze heures et demie du matin deux canons étaient mis hors de service.

La *Vengeance* et le *Cornwallis*, sous la protection d'une canonnade exécutée à grande distance, s'avancèrent vivement et attaquèrent le fort du cap Helles à portée restreinte. La batterie fut complètement réduite à l'impuissance, tandis que les forts Orkarieh-Dabia et Kum-Kalovsi-Tabia commençaient un feu très lent et mal pointé.

Le *Suffren* et le *Charlemagne* attaquèrent alors le fort 3 en s'approchant à une distance de moins de 2.000 yards. On s'aperçut à ce moment que ce fort n'était pas en état d'opposer une résistance efficace. La *Vengeance*, le

Triumph et l'*Albion* reçurent l'ordre de compléter la réduction des forts à l'impuissance.

A cinq heures et demie de l'après-midi, aucun des quatre forts ne tenait plus. Aussitôt commencèrent les travaux de déblaiement des mines, sous la protection d'une division de cuirassés et de torpilleurs. A la tombée de la nuit, les Turcs incendièrent le village situé à l'entrée des Dardanelles.

Le rapport sur les opérations du 26 a été reçu. Les mines ont été déblayées du détroit jusqu'à une distance de quatre milles. L'*Albion* et le *Majestic*, escortés par la *Vengeance*, se sont portés jusqu'à la limite de l'espace déblayé et ont entrepris une attaque du fort n° 4, ou fort Dardanus, qui est armé de quatre canons de 5,9 pouces et de quelques batteries élevées récemment sur le littoral asiatique. La riposte fut inefficace.

Après avoir été bombardé de l'intérieur du détroit, l'ennemi abandonna les forts 1, 2, 3 et 4, et au cours de l'après-midi, la *Vengeance* et l'*Irrésistible* débarquèrent à Kum-Kali et Feddul-Bahr des détachements qui détruisirent complètement les forts 1, 2 et 3 et partiellement le fort n° 4.

L'ennemi rencontré à Kum-Kali fut chassé et obligé de franchir le pont Mendere, qui fut détruit partiellement. Deux nouveaux canons de 4 pouces, dissimulés près du tombeau d'Achille, furent également détruits, ainsi que quatre nordenfelds qui défendaient l'entrée.

Nos pertes furent d'un tué et trois blessés.

Dépêches officielles

Premier Communiqué

De la mer à l'Aisne, aucune modification n'est signalée dans la situation.

En Champagne, rien de nouveau depuis le communiqué **d'hier soir.**

En Argonne, notre artillerie a fait sauter un dépôt de munitions près de Saint-Hubert.

Au bois de Malancourt, entre Argonne et Meuse, l'ennemi a aspergé avec du liquide enflammé une de nos tranchées avancées qui, en conséquence, a dû être abandonnée; les occupants ont été grièvement brûlés. Une contre-attaque a arrêté immédiatement les Allemands en leur infligeant des pertes et en faisant des prisonniers.

Dans la région de Verdun et sur les Hauts-de-Meuse, notre artillerie lourde a pris sous son feu l'artillerie allemande, démoli des pièces, fait sauter une vingtaine de caissons ou de dépôts de munitions, anéanti un détachement et détruit tout un campement.

Au bois Brûlé, la lutte continue à notre avantage.

Deuxième Communiqué

Dans les dunes, près de Lombaertzyde, une de nos patrouilles s'est emparée d'une tranchée allemande, a tué les occupants et pris une mitrailleuse.

En Champagne, nos progrès de vendredi soir, au nord de Mesnil-les-Hurlus, nous ont rendus maîtres de 500 mètres de tranchées allemandes où nous avons fait une centaine de prisonniers, pris deux mitrailleuses et un canon-revolver; cette attaque a été menée très brillamment à la baïonnette.

Une forte contre-attaque allemande a été repoussée dans la nuit de vendredi à samedi. Dans la journée de samedi, nous avons réalisé de nouveaux progrès à l'ouest de Perthes et au nord de Beauséjour.

En Lorraine, à Laneuveville, près de la forêt de Parroy, une attaque allemande a été repoussée.

28 FEVRIER 1915

Progrès des Français dans la région de Boureilles et de Vauquois. — Un avion allié bombarde la gare d'Ostende. — Les Russes remportent une victoire à Prasnysz et réoccupent la ville.

Situation des armées sur le front occidental

On serait tenté de croire que les Allemands préparent quelque chose dans le Nord. Les communiqués officiels ne nous indiquent que l'occupation d'une ferme par l'infanterie belge, sur la rive droite de l'Yser, mais les Anglais savent, de source sûre, que des troupes fraîches allemandes sont concentrées dans la région de Courtrai. En outre, de petites attaques se produisent continuellement de Dixmude à la frontière française comme si, en attendant que le terrain soit favorable, on voulait tâter les lignes pour en découvrir les points faibles. On en déduit que si un nouvel effort ne devait pas être fait dans le Nord, assez prochainement, les Allemands auraient tout intérêt à envoyer leurs troupes fraîches en Champagne, où leurs effectifs paraissent avoir besoin d'être renforcés, au lieu de les conserver en Belgique, où les alliés ne sont pas encore en mesure de prendre l'offensive.

Les opérations en Champagne se poursuivent avec régularité et chaque jour apporte un succès nouveau. Hier, deux ouvrages allemands ont été enlevés, l'un au nord de Perthes, l'autre au nord de Beauséjour. Résultat : progression sensible et 200 Allemands prisonniers, ce qui porte à 1.000 le nombre des prisonniers faits en Champagne depuis dix jours. Dans la matinée d'aujourd'hui, 28 février, nouvelle progression entre Perthes et Beauséjour; nous avons occupé 2 kilomètres de tranchées et dans une seule de ces tranchées l'ennemi a laissé 200 morts et une mitrailleuse.

Cette avance en Champagne ne peut que nous réjouir et nous donner confiance dans les opérations futures.

A enregistrer une nouvelle avance sur Vauquois et à l'ouest de Boureilles, dans la direction de Varennes-en-Argonne.

Dans les Vosges, nous avons progressé dans la région de l'Hartmannswillerkopf et repoussé une attaque allemande vers Celles-sur-Plaine (8 kilomètres au nord de Senones).

Les Allemands ont à nouveau bombardé Reims et Soissons. A Soissons, notre artillerie lourde a imposé silence à l'artillerie ennemie.

F. B.

Nouvelles diverses publiées par les journaux

— On annonce qu'une escadrille allemande a lancé quelques bombes sur la côte belge, en arrière de Nieuport; une femme et un vieillard ont été tués.

— On télégraphie de Conception-du-Chili que le voilier français *Jom* et le voilier anglais *Ridallon* ont été coulés en décembre par le croiseur auxiliaire allemand *Prince-Eitel-Frédéric*. Leurs équipages se trouvent à Easter-Island.

— On annonce de La Haye que l'amiralissime allemand Von Ingénohl est relevé de son commandement et envoyé à Kiel.

— Le général serbe Caratchitch, commandant en chef une des armées d'opérations, est mort le 26 février, à Nisch.

— On annonce de Madrid que l'armement des cuirassés espagnols *Alphonse XIII* et *Jaime I*er est activement poursuivi dans le port de Oviedo.

En Russie. — La situation des belligérants s'est complètement modifiée en Prusse orientale. Les Allemands sont réduits à la défensive et les Russes prennent une offensive vigoureuse. Une grande bataille s'est livrée à Prasnysz. Dans la matinée du 27 février, les Allemands avaient réussi à réoccuper la ville qui n'était défendue que par de faibles effectifs; les Russes ayant, comme à l'habitude, esquissé un mouvement de retraite. Dans la soirée, non seulement la ville était reprise par les Russes, mais l'offensive était énergiquement poursuivie.

En Galicie, les Autrichiens ont subi une grosse défaite. Le 24 février, trois colonnes russes attaquèrent la ville de Stanislaw. Un combat à la baïonnette eut lieu dans les rues. Les Autrichiens s'enfuirent en désordre. La ville de Kolomyje a également été reprise par les Russes.

En Turquie. — L'action des flottes alliées continue sans interruption dans les Dardanelles. Le détroit ayant été dégagé des mines sur une longueur de 8 kilomètres, les navires de guerre ont jeté l'ancre dans l'intérieur, d'où ils bombardent les forts turcs.

L'anxiété la plus grande règne à Constantinople. On a fait venir des troupes d'Andrinople pour fortifier l'armée de défense de la ville. Le sultan a fait ses préparatifs pour se retirer à Konick.

Un attentat a été commis contre Talaat-Bey, ministre de l'intérieur, par un individu qui a tiré sur lui un coup de revolver. Il n'a pas été atteint mais l'agent de police qui l'accompagnait a été tué.

Documents historiques, récits et anecdotes

— TERRIBLE ODYSSÉE DE SEPT SOLDATS. — M. Marcel Michel, facteur au bureau télégraphique de la place de la Bourse, peut se flatter de l'avoir échappé belle.

Incorporé, dès la mobilisation, au 104e d'infanterie, il fut fait prisonnier en Belgique et faillit être massacré, à deux reprises, par les Allemands. Il vient de rentrer en France et a fait au *Temps* le récit de sa tragique odyssée.

Après une bataille qui avait été très meurtrière, M. Michel se trouvait, le 22 août, à Ethel (Belgique), où il était resté avec un certain nombre de ses camarades, pour ramasser les blessés et ensevelir les morts, quand des troupes allemandes survinrent.

Sous prétexte que des femmes auraient tiré sur eux — fait qui n'a pu être établi autrement que par leur affirmation — des officiers décidèrent que le village serait brûlé. On fit alors descendre les soldats français dans la rue. Nous étions environ 200. On nous donna l'ordre de lever les bras en l'air et de nous ranger en colonnes par quatre. Puis, en nous tenant la baïonnette dans les reins on nous conduisit dans une rue déserte. Nous marchions encore lorsque sur un cri d'un de leurs officiers, les hommes de notre escorte nous fusillèrent à bout portant. Ces brutes avaient tiré au hasard dans le tas; il y eut plus de vingt morts. Pour ma part, je n'avais eu qu'une éraflure faite par une balle qui avait traversé mon pantalon.

Les blessés et ceux qui n'avaient pas été atteints furent ramenés sur la place où l'on procéda à un tri. Tous ceux qui étaient en état de marcher furent groupés et réunis à des civils qu'on était allé chercher dans les caves; parmi ces civils, il y avait des vieillards de 75 ans. Civils et militaires, on nous entraîna pêle-mêle dans un champ qui se trouve le long d'une scierie. Une soixantaine de soldats allemands étaient rangés sur deux rangs le long d'un des côtés du champ.

A peine nous étions-nous engagés dans le champ que ces soldats commencèrent un feu de salve sur nous. Je me suis jeté à terre avant qu'ils tirent et dès que j'avais pressenti le sort qui nous était destiné. Deux de mes camarades, frappés à mort, tombèrent sur moi et me couvrirent de leur corps. Leur sang me ruissela sur la tête. Après plusieurs décharges tirées en présence des femmes qu'on avait amenées derrière nous pour les faire assister à l'exécution de leurs maris, les soldats se retirèrent.

Quelques-uns pourtant étaient restés en arrière et commençaient à fouiller avec leurs baïonnettes parmi les corps pour achever les blessés, lorsqu'un officier survint et les en empêcha.

M. Michel fit le mort, puis, les soldats partis, il se dégagea et gagna un bois voisin, où il retrouva six de ses camarades. Ils vécurent là pendant plusieurs mois, se nourrissant de betteraves, de noisettes, de mûres et d'aliments qu'ils allaient chercher dans les villages environnants. Pour se protéger contre le froid, ils construisirent des abris. Enfin, décidés à tout risquer pour s'échapper, ils se dirigèrent vers la frontière hollandaise, qu'ils franchirent le 15 février. Le consul de France à Rotterdam les fit rapatrier.

M. Michel va rejoindre le dépôt de son régiment.

Dépêches officielles

Premier Communiqué

Près de Dixmude, l'artillerie des Belges a démoli deux ouvrages ennemis; leur infanterie a occupé une ferme sur la rive droite de l'Yser et un de leurs avions a lancé des bombes sur la gare maritime d'Ostende.

Les Allemands ont de nouveau bombardé Reims : une soixantaine d'obus ont été tirés, dont une partie sur la cathédrale.

En Champagne, d'importants progrès ont été réalisés à la fin de la journée d'hier.

Nous avons enlevé deux ouvrages allemands, l'un au nord de Perthes, l'autre au nord de Beauséjour; nous avons en outre gagné du terrain entre ces deux points et au nord-ouest de Perthes. Nous avons fait 200 prisonniers; le nombre total des soldats allemands qui se sont rendus depuis dix jours s'élève à plus de 1.000.

Combats d'artillerie assez vifs sur les Hauts-de-Meuse.

Journée calme en Woëvre.

Dans les Vosges, région de l'Hartmannswillerkopf, nous avons fait quelques progrès.

Deuxième Communiqué

A Bécourt, près d'Albert, une attaque allemande a été arrêtée net par notre feu.

L'ennemi a bombardé Soissons (200 obus).

En Champagne, nous avons fait des progrès marqués sur tout le front de combat.

Au nord de Perthes, nous avons repoussé une contre-attaque, conservé l'ouvrage conquis hier et élargi nos positions en occupant de nouvelles tranchées. Nous avons gagné du terrain dans tous les bois entre Perthes et Beau-séjour. Nos gains d'hier au nord-ouest et au nord de Beau-séjour représentent 2.000 mètres de tranchées. Ces gains ont été sensiblement étendus aujourd'hui.

Dans une seule tranchée, l'ennemi avait laissé plus de 200 morts; nous avons pris une mitrailleuse.

Aux dernières nouvelles, la lutte continuait dans de bonnes conditions.

En Argonne, à la côte 263, ouest de Boureuilles, nous avons enlevé environ 300 mètres de tranchées; à Vauquois, une brillante attaque d'infanterie nous a permis d'atteindre le bord du plateau sur lequel s'élève le village.

Dans les Vosges, à la Chapelotte, 3 kilomètres au nord de Celles-sur-Plaine, une attaque assez vive des Allemands a été complètement repoussée.

1ᵉʳ MARS 1915

Les Anglais repoussent une attaque allemande à Saint-Eloi. — Nos progrès continuent en Champagne et vers Vauquois. — Les flottes alliées pénètrent dans les Dardanelles.

Situation des armées sur le front occidental

Les dernières nouvelles qui nous parviennent par la voie des communiqués officiels ne nous parlent que des opérations de Champagne et de celles des Vosges. Il paraît cependant que les Allemands ont montré en Belgique, ces jours derniers, et notamment hier, une recrudescence d'activité qui mérite d'être signalée.

La route de Lombaertzyde à Ostende est maintenant praticable et l'ennemi craint une avance des alliés sur Ostende par cette route, et afin d'éviter tout rassemblement de troupes, il bombarde jour et nuit les positions belges et françaises.

Un vif combat s'est en outre engagé le 27 février sur les rives de l'Yser. Les Allemands ayant reçu des renforts considérables, ont pris l'offensive sur Lombaertzyde, sur Nieuport et à l'est d'Ypres. Cette bataille s'est continuée pendant la matinée du 28 février et a abouti à un échec de l'offensive allemande. Elle a été particulièrement violente à l'est d'Ypres, où l'infanterie allemande s'est avancée en masse compacte. Elle a été accueillie par le feu de notre infanterie et l'artillerie a complètement brisé son élan. Elle a été obligée de se retirer sur ses positions et après la bataille le service de la Croix-Rouge, pour dégager les blessés, était obligé de déplacer les corps qui parfois se trouvaient par groupes d'une vingtaine. Le résultat de cette attaque a été désastreux pour l'ennemi.

Quant aux opérations de Champagne, elles ont suivi leur cours normal, avec une légère avance au nord de Mesnil-les-Hurlus.

Dans les Vosges, quelques combats se sont livrés, malgré les tempêtes de pluie et de neige qui ont gêné les opérations. A la Chapelotte (nord de Celles-sur-Plaine), après avoir repoussé l'attaque allemande de la veille, nous avons poursuivi l'ennemi et légèrement progressé. Nous avons repoussé une contre-attaque allemande à l'Hartmannswiller-kopf.

F. B.

Nouvelles diverses publiées par les journaux

— On signale un nouvel incident turco-italien. Les autorités turques de Djeddah se sont emparées de la correspondance diplomatique et de la correspondance privée du consul italien, M. Barnabei, après avoir arrêté l'agent chargé de lui remettre cette correspondance. Le gouvernement italien a fait à Constantinople une démarche énergique.

— Le général Pau est arrivé ce matin à 10 heures à Pétrograd; il a été reçu à la gare par le premier secrétaire de l'ambassade et les attachés militaire et naval français.

— On annonce que le 26 et le 27 février des aviateurs français ont survolé sans encombre Colmar, Schlestadt, Sainte-Marie et Strasbourg (Alsace).

— Le 27 février ont eu lieu, à Belfort, les obsèques de Mlle Seiler, âgée de 21 ans, décédée à l'hôpital militaire Rethenaus des suites d'une fièvre typhoïde contractée en soignant des blessés à l'ambulance de Dannemarie. Les honneurs militaires ont été rendus à cette victime du devoir.

— On signale l'inscription au tableau de la médaille militaire du sergent Leroy qui, le 16 septembre, a participé à la capture de deux automobiles dans lesquelles se trouvaient des mitrailleuses allemandes munis d'explosifs et chargés de faire sauter des ponts dans les environs de Rouen.

— On annonce de Norvège que les banques refusent de négocier les traites allemandes. La Bourse a décidé que les paiements des Allemands devront être effectués en argent. Les maisons d'exportation ne livrent des marchandises que contre argent norvégien ou or allemand et au comptant.

En Russie. — Les Allemands sont en pleine retraite en Prusse orientale, ils ont perdu une grande quantité de prisonniers, de fourgons et de munitions.

Les Autrichiens sont également en retraite dans les Carpathes. Après de violents combats, les Russes ont réoccupé Koloma et ils investissent Stadagoura et Stanislavoff. Le 91e régiment tchèque d'infanterie s'est mutiné à Prague et a tué ses officiers supérieurs. De sanglantes représailles ont eu lieu.

En Turquie. — Le bombardement des forts des Dardanelles continue. Des barques de pêche, montées par des matelots, relèvent les mines et les torpilles turques. Les drapeaux des alliés sont hissés sur les forts à mesure qu'ils sont réduits au silence. La flotte française a contourné la presqu'île de Gallipoli, pénétré dans le golfe de Xéros et bombardé les fortifications. Le *Goeben* a, paraît-il, été désarmé et ses douze gros canons placés dans les forts.

A Constantinople, le comité Jeune-Turc siège en permanence; le maréchal Von der Goltz, l'amiral allemand Souchon assistent aux séances.

Documents historiques, récits et anecdotes

NOTRE COUP DE MAIN SUR LA BRIQUETERIE DE BEAURAINS. — Si, dans sa forme actuelle, la guerre sur le front occidental ne comporte plus que rarement le choc de masses importantes, elle se trouve marquée au jour le jour par des opérations de détail (destructions par la mine ou par l'artillerie, coups de main, reconnaissances offensives).

Celui-ci, qui par son activité sait devancer l'adversaire, acquiert en le tenant sous une constante menace un incontestable ascendant moral.

L'opération récemment exécutée à Beaurains (sud-ouest d'Arras) offre un exemple caractéristique de telles actions; l'artillerie, le génie et l'infanterie y ont collaboré. Nos pertes ont été insignifiantes et les résultats acquis indéniables. Le but : bouleverser l'organisation ennemie de la briqueterie de Beaurains et reconnaître son système de défense.

Une sape souterraine nous conduisit d'abord jusqu'au bâtiment de la briqueterie, cinq fourneaux de mines furent préparés et très puissamment chargés. Lorsque tout fut en œuvre, notre artillerie lourde et notre 75 ouvrirent le feu pour donner à l'ennemi l'impression que nous allions l'attaquer et l'amener ainsi à garnir ses tranchées, leur tir devant en même temps ouvrir la voie aux éclaireurs chargés de la reconnaissance.

A la fin de l'après-midi, le feu fut mis au fourneau, une maison tout entière s'écroula auprès de la briqueterie, qui fut elle-même en partie détruite. Ces dégâts furent constatés par nos éclaireurs qui, dès l'explosion, se portèrent vers les tranchées ennemies, traversant sans difficulté les réseaux de fil de fer par une brèche large de 15 ou 20 mètres ouverte par notre artillerie. Piques et fils de fer, tout avait été réduit en pièces. Nos soldats ne reçurent aucun coup de fusil, la briqueterie avait enseveli ses défenseurs.

L'ennemi, croyant que nous allions attaquer, avait, dès l'explosion, commencé à bombarder nos tranchées et à exécuter un tir de barrage en arrière de celles-ci. Nos éclaireurs virent en même temps les troupes de la réserve accourir pour remplacer celles qui avaient été anéanties par la mine. Ils se retirèrent après avoir essuyé quelques coups de fusil. Notre artillerie, par un feu très violent, fit d'ailleurs taire les batteries ennemies. Les Allemands n'osèrent pas venir réparer la brèche de leur réseau de fil de fer, craignant sans doute l'explosion d'autres fourneaux de mines, et leur infanterie, depuis lors, marque dans ce secteur une certaine nervosité.

Dépêches officielles
Premier Communiqué

Rien à ajouter au communiqué d'hier soir, si ce n'est qu'en Champagne, les divers points d'appui successivement gagnés forment maintenant une ligne continue de 2 kilomètres au nord et au nord-est de Perthes et que, dans les Vosges, nos attaques ont légèrement progressé à la Chapelotte (3 kilomètres au nord de Celles).

Deuxième Communiqué

Des tempêtes de pluie et de neige ont, sur de nombreux points du front, gêné les opérations.

En Champagne, nous avons repoussé au nord de Mesnil une forte contre-attaque et maintenu tous nos gains d'hier en infligeant à l'ennemi de fortes pertes. Nous avons, dans la même région, réalisé de nouveaux progrès.

Près de Pont-à-Mousson, au bois Le Prêtre, nous avons enlevé un blockhaus.

A Sultzeren, nord-ouest de Munster, nous avons repoussé, dans la nuit de dimanche à lundi, une assez forte attaque.

Dans ces deux affaires, nous avons fait des prisonniers.

A l'Hartmannswillerkopf, nous avons conservé, malgré des contre-attaques allemandes, le terrain gagné par nous.

2 MARS 1915

Violents combats à la ferme d'Alger et à la Pompelle. — Attaque de nuit allemande au bois Le Prêtre. — Un sous-marin allemand est coulé par le vapeur « Thordes ». — Un zeppelin est détruit par la tempête à Cologne. — Le Tsar reçoit le général Pau à Pétrograd.

Situation des armées sur le front occidental

Les troupes allemandes ont à nouveau tâté le front anglais dans la matinée d'hier vers Saint-Eloi, au sud d'Ypres. De très bonne heure, un bombardement intense a précédé une attaque d'infanterie qui a été facilement repoussée. Quelques combats ont également eu lieu près de La Bassée, mais sur l'initiative des troupes anglaises ils ont permis un léger progrès.

La bataille s'est continuée en Champagne pendant toute la journée d'hier et la matinée d'aujourd'hui. De nouveaux progrès ont été réalisés sur la ligne Souain-Perthes-Beauséjour malgré deux contre-attaques allemandes menées vigoureusement. La première surtout a été faite avec des effectifs élevés, parmi lesquels se trouvaient quelques éléments de la garde impériale. Il résulte des renseignements recueillis qu'elle a été désastreuse pour l'assaillant, qui a laissé sur le terrain de nombreux morts.

Une attaque allemande dirigée contre Bagatelle et Marie-Thérèse, en Argonne, n'a pas eu plus de réussite. Nous avons tout d'abord abandonné une tranchée avancée, sous la violence du choc, mais nous l'avons réoccupée aussitôt.

Dans la région de Vauquois, nous avons attaqué nous-mêmes et gagné du terrain. Malgré deux contre-attaques allemandes, nous nous sommes maintenus sur le terrain conquis que nous avons consolidé. Notre avance dans cette région est lente, en raison des difficultés rencontrées, mais elle est continue.

Nos troupes ont attaqué l'ennemi à La Chapelotte et l'ont rejeté 300 mètres en arrière. La Chapelotte se trouve au centre de cette bande de territoire français encore occupée par l'ennemi entre Meurthe-et-Moselle et Vosges.

L'artillerie allemande a bombardé Reims à nouveau, pendant la journée du 1er mars; c'est toujours ainsi que l'ennemi se venge d'un échec.

F. B.

Nouvelles diverses publiées par les journaux

— On signale au Portugal des mouvements populaires contre la dictature gouvernementale. On craint des troubles graves.

— On télégraphie de Londres que le 28 février le vapeur *Thordis* a aperçu, à hauteur de Beachy-Head, le périscope d'un sous-marin. Le capitaine gouverna droit sur le périscope, un craquement fut entendu et l'on ne vit plus rien du sous-marin. Il y a tout lieu de croire que le sous-marin a été coulé.

— Le 1er mars, l'aviateur Maquère évoluait sur un biplan, à l'aérodrome de Pau, lorsque l'appareil capota et vint s'écraser sur le sol. L'aviateur fut tué.

— Le ministre de la guerre, M. Millerand, s'est rendu sur le front, entre l'Oise et la Vesle, les 28 février et 1er mars. Il est rentré à Paris très satisfait des opérations.

— Un télégramme de Rome fait connaître qu'un vapeur italien, venant de Valona, a rencontré un sous-marin autrichien qui se rendait vers le canal d'Otrante.

— On annonce de Berlin que la flotte autrichienne est partie pour la mer Egée. Des doutes sont permis sur l'exactitude de cette information.

— On annonce d'Athènes que, dernièrement, on a transporté à Dédéagath (port bulgare sur la mer Egée) des sousmarins et des torpilles destinés à défendre l'entrée du port. Ils venaient d'Autriche.

— De même source on fait connaître que les trois sousmarins que la Turquie a reçu d'Allemagne par voie de terre restent démontés et inutilisables.

En Russie. — Le centre de l'armée allemande de Prusse orientale est définitivement enfoncé à Prasnich ; c'est une brigade de cavalerie russe, précédée de cosaques, qui a rompu ce front, à mi-chemin entre Orstalenka et Prasnisch; sur tout le front, les Allemands en sont réduits à la défensive; ils continuent cependant à bombarder Ossovictz avec leurs gros obusiers. La forteresse riposte énergiquement à l'ennemi.

En Bukovine, les Russes se sont emparés de Lukzka, à 2 kilomètres de Czernovitz, et ils sont établis sur la rive gauche de la Pruth. Les Autrichiens commencent à évacuer Czernovitz.

En Turquie. — Le bombardement des Dardanelles continue; les forts sont d'abord bombardés à longue distance par le *Queen-Elisabeth,* cuirassé anglais d'un nouveau type, dont huit canons de 405 envoient des projectiles de 1.000 kilos. Ils sont ensuite bombardés à petite distance par des u ...és moins fortes.

Une dépêche de Sofia annonce que la Turquie a fait appel à l'aide de la Bulgarie.

Documents historiques, récits et anecdotes

— EN PLEIN JOUR. — Le 27 janvier dernier, des soldats français eurent la surprise de voir, plantés en terre, à 200 mètres environ en avant de leurs tranchées, à égale distance, à peu près, des tranchées ennemies, un drapeau allemand et un drapeau français, côte à côte.

Or, le drapeau allemand était de **dimensions** « kolossales » et le drapeau français était tout petit, de sorte que l'intention de celui qui avait rapproché ainsi les deux emblèmes n'était point douteuse; il avait voulu symboliser la suprématie de l'Allemagne sur la France, montrer la France dominée, écrasée par l'Allemagne.

C'était pendant la nuit que le coup avait été fait; et l'on se représente aisément, n'est-ce pas, le Boche sortant avec d'infinies précautions de son terrier, s'avançant, en rampant à la manière des serpents jusqu'au point choisi, accomplissant sa besogne en silence, s'en retournant comme il était venu, à plat ventre, rentrant chez lui couvert de boue, ignoble, joyeux de la bonne farce.

Et nos poilus considéraient avec humeur cet insolent drapeau allemand et, près de lui, cet humble drapeau français; ils en rongeaient leurs moustaches et mâchonnaient des injures à l'adresse des bandits d'en face.

A la fin, l'un d'eux — il s'appelle Salliot, sergent réserviste au 77e régiment d'infanterie — n'y tint plus; ça l'embêtait, ces drapeaux, il fallait qu'il enlevât ça.

Assurément, la prudence eût voulu qu'il attendit la nuit — comme avait fait l'autre; mais la prudence, les soldats français ne l'ont guère dans le sang, et souvent, on le sait, leurs chefs sont obligés de réfréner leur impatiente ardeur. C'est en plein jour — à la française — que Salliot est parti, agile, intrépide, bravant le danger.

Pensez si, de la tranchée allemande, quand on l'a vu s'avancer ainsi, on a tiré sur lui ! Les balles sifflaient. Mais les Boches sont maladroits; Salliot n'a pas été touché; il est arrivé jusqu'aux drapeaux, les a arrachés et rapportés à la tranchée française; il a été cité à l'ordre du jour de l'armée; il aura la croix de bronze, la croix des braves; avouez qu'il l'a bien gagnée !

Dépêches officielles

Premier Communiqué

Entre la mer et l'Aisne, journée assez calme, l'ennemi n'a prononcé d'attaque qu'au sud-est de St-Eloi (sud d'Ypres); il a été repoussé par les forces anglaises.

En Champagne, nouveau bombardement de Reims (50 obus environ).

Malgré la tempête, nos progrès se sont poursuivis entre Perthes et Beauséjour pendant toute la journée d'hier, notamment au nord-ouest de Perthes, au nord-est de Mesnil et au nord de Beauséjour; nous tenons les points culminants du mouvement de terrain parallèle à notre front d'attaque. Il est confirmé que les éléments de la garde qui nous ont contre-attaqué dans la nuit de dimanche à lundi ont subi des pertes extrêmement fortes.

En Argonne, dans le secteur Bagatelle-Marie-Thérèse, combats de mines et d'infanterie dans une tranchée avancée que nous avons réoccupée après l'avoir un instant abandonnée; dans la région de Vauquois, nous avons progressé, conservé le terrain conquis malgré deux contre-attaques et fait des prisonniers.

Dans les Vosges, à la Chapelotte, près de Celles, nous avons enlevé des tranchées et gagné 300 mètres.

Deuxième Communiqué

De la mer à l'Aisne, combats d'artillerie souvent assez vifs, où nous avons eu l'avantage.

Sur tout le front du secteur de Reims, notamment à la ferme Alger, près du fort de la Pompelle, l'ennemi a ce matin prononcé des attaques qui ont été facilement repoussées.

Entre Souain et Beauséjour, nos progrès se sont poursuivis; sur plusieurs points, nous avons pris pied dans les bois organisés par l'ennemi et nous avons progressé au-delà de la crête dont nous avions atteint le sommet au cours des dernières journées; une forte contre-attaque a été repoussée.

En Argonne, dans la région de Vauquois, tous nos gains d'hier ont été maintenus; nous avons fait une centaine de prisonniers.

Près de Pont-à-Mousson, une attaque de nuit des Allemands au bois Le Prêtre a échoué.

Rien de nouveau sur le reste du front.

---

3 MARS 1915

Violent combat à Notre-Dame-de-Lorette. — Progrès français en Champagne. — Un bataillon de la garde prussienne est anéanti entre Perthes et le Mesnil. — Bombardement des forts de Boulaïr par les flottes alliées. — Bombardement d'Antivari par des navires autrichiens.

Situation des armées sur le front occidental

Nous constatons avec satisfaction que toutes les offensives allemandes, qu'elles se produisent sur le front oriental ou sur le front occidental, paraissent vouées à un échec certain. Le maréchal Von Hindenburg, le Joffre allemand, vient d'éprouver en Prusse orientale une bien cruelle déception. Son offensive sur Varsovie, par le Nord, qui résultait d'un plan sérieusement élaboré et audacieusement exécuté, après lui avoir donné l'avant-goût d'une victoire, s'est terminé par un p... ... échec.

Sur le front occidental, les entreprises allemandes n'ont pas plus de succès; qu'elles se produisent sur l'Yser, en Argonne ou dans les Vosges, elles se heurtent à la résistance énergique des armées alliées et se terminent généralement par une avance de nos troupes.

Les événements importants d'hier se sont produits en Champagne, où nous poursuivons nos progrès, malgré la résistance allemande et les nombreuses contre-attaques effectuées par des troupes d'élite.

Inutile de parler du bombardement de Reims, qui est devenu quotidien et qui, hier, s'est effectué avec des obus incendiaires.

Sur un front qui part du nord de Perthes et qui se dirige au nord de Beauséjour, les premières lignes de tranchées ennemies sont tombées entre nos mains. Sur une longueur de 6 kilomètres, nous avons progressé d'un kilomètre en profondeur. Ce sont les premières précisions qui nous sont données par les communiqués officiels. Notre avance en profondeur ne paraît pas considérable, mais elle a quand même une importance très grande si on tient compte de la nature du terrain et des positions fortifiées de l'ennemi qu'il a fallu réduire. Les récits des soldats blessés qui ont assisté aux opérations de Champagne sont vraiment inté-ressants et nous donnent la note exacte des efforts déployés de part et d'autre.

F. B.

Nouvelles diverses publiées par les journaux

— Hier, 2 mars, à 3 heures du matin, cinq navires de guerre autrichiens sont entrés dans le port d'Antivari (Monténégro); ils ont bombardé la ville, brûlé un navire chargé de vivres et coulé le yacht royal *Roumia* qui était ancré dans le port.

— Depuis un mois, on s'apercevait que le moindre déplacement de troupes dans la région de Furnes était signalé aux Allemands. Six espions viennent d'être arrêtés et exécutés. Un autre espion, un Allemand naturalisé Français, a été arrêté à Calais au moment où il faisait des signaux à un sous-marin allemand.

— Deux aviateurs français, le lieutenant Mouchard et le sapeur Maillard, effectuaient une ronde de nuit au-dessus de Châlons-sur-Marne, lorsque leur appareil prit feu et vint s'abattre près de la ville. Ils ont été tués tous les deux.

— Deux zeppelins volaient au-dessus de Cologne, pour protéger la ville contre les aviateurs, lorsque l'un d'eux s'abattit par suite d'une tempête. L'appareil est détruit.

— Ce matin, 3 mars, un taube a lancé deux bombes sur Gérardmer, puis il a pris la direction de la Schlucht.

— Le dernier train des rapatriés civils est passé aujourd'hui en gare de Berne. Le nombre des rapatriés se décompose comme il suit : Français, 10.850; Allemands, 7.630; Austro-Hongrois, 1.790.

— Ce matin, 3 mars, est arrivé en gare de Lyon le premier train de soldats français mutilés, retour d'Allemagne. Ils étaient environ 250. Ces soldats ont donné des détails sur leur vie dans les camps; ils sont unanimes à dire que la nourriture était insuffisante et de mauvaise qualité.

En Russie. — Le général Pau a été reçu en audience par le tsar, au palais de Tsarskoïé-Sélo. Il a été retenu à déjeuner par l'empereur.

L'armée allemande de Prusse orientale est en pleine retraite depuis la victoire russe de Prasnysch; elle se retire sur trois lignes différentes, sur un front de 325 kilomètres. De la cavalerie allemande provenant du front occidental est passée à Cologne, se dirigeant sur Thorn.

En Bukovine, les Russes préparent un mouvement offensif et menacent à nouveau Czernovitz. Cette ville est bombardée avec de l'artillerie lourde que les Russes ont mis en position près de Sadagoura.

En Turquie. — Les opérations de la flotte anglo-française contre les Dardanelles ont continué le 2 mars. Hier matin, 52 navires ont pénétré dans les détroits. La division française du contre-amiral Guepratte a opéré dans le golfe de Saros; elle avait pour objectif les forts des lignes de Boulaïr.

Documents historiques, récits et anecdotes

— L'HISTOIRE A LA TURQUE. — *Comment on raconte les faits au Parlement ottoman.* — Par une dépêche qui rend compte d'une séance à la Chambre et d'un discours prononcé par le président Halil bey, on peut se rendre compte des événements qui se déroulent sur le champ de bataille et où les Turcs, en particulier, reçoivent de si écrasantes leçons. C'est ainsi que Halil bey a parlé de la victoire turque de Keuprulie (?) et d'une fuite des Russes vers Sarykamisch (!) après laquelle ces derniers, ayant amené en ligne de nouveaux renforts, furent épuisés par la ténacité ottomane (*sic*).

« L'armée ottomane, déployant, a dit le président de la Chambre, une énergie splendide, traversa les déserts sans eau, battit l'ennemi, atteignit le bord du canal de Suez (*sic*), envoya en avant des reconnaissances qui, malgré le feu violent des navires ennemis, atteignirent les fortifications, franchirent le canal et revinrent en arrière, après avoir accompli leur mission (*sic*).

« Cette armée, qui perfectionne actuellement très soigneusement ses préparatifs, va sous peu porter un coup décisif. Elle délivrera la belle et fertile Egypte de la tyrannie britannique. Bientôt aussi les Anglais seront chassés de la région de Bassorah.

« Les ennemis, battus sur tous les fronts, ont, dans un accès de désespoir, attaqué les Dardanelles, mais en dépit d'un bombardement continu, exécuté plusieurs jours aurant par leurs puissants vaisseaux, les ennemis n'obtinrent pas le moindre résultat qu'on puisse qualifier de succès (*sic*). La bravoure ottomane leur infligera là le plus sévère des coups. Il n'est pas probable, continue Halil bey, que les ennemis puissent franchir les Dardanelles; mais y parviendraient-ils, que leur exploit ne ferait que grandir notre résolution. Ils sauront alors que la plus grande partie de notre armée est massée sur ce point et que des mesures ont été prises pour faire face à toutes les éventualités.

« Puisse l'univers apprendre que nous sommes résolus à vivre non en rampant sur le sol, mais en combattant comme des lions. Nous ne courberons pas la tête dans la poussière, comme des couards qui demandent miséricorde. Nous tiendrons la tête haute, comme il convient à une nation noble et indépendante, et s'il nous faut mourir, nous ne mourrons pas sans avoir rempli tout notre devoir envers la forte épée que le sultan ottoman nous a confiée. (Des tribunes on cria : « Nous ne mourrons pas, nous vivrons ! ») Notre route est la route éternelle qui conduit au salut !

« Les Russes, auxquels nos braves armées et les armées de nos alliés ont infligé défaites sur défaites, se sont vus obligés de faire à la Douma une manifestation de faiblesse. Les hommes d'Etat de Pétrograd qui tremblaient de se voir privés de la Baltique et du Pont Euxin, se sont vus contraints de déchaîner le fanatisme de leurs armées en déclarant que le moment était venu de prendre Constantinople et de marcher vers la mer libre. Eh bien! que les Russes se calment, les armées ottomanes, allemandes et austro-hongroises sont aujourd'hui réunies. Demain elles inonderont de sang les champs de bataille et tailleront les Russes en pièces !

« Le soldat turc qui protège Constantinople et les frontières d'Anatolie ne doit pas oublier qu'il est en même temps l'héroïque défenseur de Berlin, Vienne et Budapest, tout comme les soldats de nos alliés sont les glorieux protecteurs de Constantinople et de l'Anatolie.

« Nos ennemis vont sans cesse faisant courir le bruit qu'en échange de notre neutralité ils auraient garanti l'inviolabilité de notre territoire. Eh bien ! à ceux qui veulent voir l'exemple d'un pays dont l'intégrité a été garantie par la Russie et la Grande-Bretagne, laissez-moi montrer la Perse. Mais, ô toi, pauvre terre islamique, ne sois pas triste, car tu seras, toi aussi, délivrée du joug du despotisme ! »

Dépêches officielles

Premier Communiqué

Rien d'important à ajouter au communiqué d'hier soir.

En Champagne, nous tenons toute la première ligne de tranchées allemandes depuis le nord-ouest de Perthes jusqu'au nord de Beauséjour et sur plusieurs points nous avons progressé au-delà de cette ligne. Les autres progrès signalés hier soir sont confirmés. Ils ont tous été maintenus.

Canonnade en Argonne.

Sur le reste du front, rien à signaler.

Deuxième Communiqué

De la mer à l'Aisne, canonnade d'intensité variable.

Les Allemands ont recommencé à bombarder Reims à midi; ils se sont servis d'obus incendiaires.

En Champagne, sur le front au nord de Souain, de Mesnil et de Beauséjour, nos progrès se sont poursuivis et accentués : nous tenons sur tout le front d'attaque, c'est-à-dire sur une longueur de plus de 6 kilomètres, un ensemble de lignes allemandes représentant en profondeur 1 kilomètre. Nos progrès d'aujourd'hui ont été particulièrement sensibles à l'ouest de Perthes, où nous avons enlevé des tranchées et élargi nos positions dans les bois. Nous avons également gagné du terrain au nord de Mesnil. Enfin, dans la même région, nous avons repoussé plusieurs violentes contre-attaques.

Un régiment de la garde a subi des pertes énormes.

Depuis le dernier communiqué, nous avons fait une centaine de prisonniers et pris une mitrailleuse.

Plusieurs attaques allemandes ont été facilement repoussées au bois de Consenvoye (nord de Verdun) et au bois Le Prêtre (nord-ouest de Pont-à-Mousson).

---

4 MARS 1915

Avance franco-belge dans la région des Dunes. — Prise par les Français d'une partie de la localité de Vauquois. — Deux sous-marins allemands sont coulés par des navires anglais et français. — L'aviateur français Happe jette des bombes sur la poudrerie de Rottwell.

Situation des armées sur le front occidental

De la mer du Nord jusqu'à Arras, rien d'important à signaler en dehors d'un duel d'artillerie dans les Dunes. De nouvelles concentrations de troupes allemandes se font cependant en Belgique. Liége a reçu l'ordre de prendre des mesures pour loger 20.000 hommes, Seraing 5.000 hommes et Louvain 10.000 hommes. On prétend qu'il y a actuellement à Lille 50.000 hommes. Si l'on voulait en croire les nouvelles de source hollandaise, ces troupes sont destinées à un mouvement offensif sur Calais, mais il y a plutôt lieu de supposer qu'elles sont destinées à combler les vides qui existent sur l'ensemble du front ennemi, à la suite des violents combats qui se sont déroulés depuis quelques semaines en Argonne et en Champagne et qui paraissent avoir été très meurtriers pour les Allemands. Les communiqués officiels d'aujourd'hui relatent encore un combat en Champagne, au nord-est de Mesnil-les-Hurlus, où deux régiments de la garde prussienne ont attaqué avec violence un mamelon dont nous nous étions emparés récemment; ils ont été repoussés avec de grosses pertes. En Argonne, au Four-de-Paris et à Vauquois, des attaques allemandes ont été également repoussées.

Il est de toute évidence que ces attaques continuelles contre des positions fortifiées, surtout lorsqu'elles sont repoussées, coûtent très cher à l'assaillant en tués et blessés. D'où la nécessité pour l'ennemi d'opérer de nombreux mouvements de troupes en Belgique, où se trouve la base du ravitaillement allemand en hommes et en approvisionnements de toutes sortes.

On signale également pour la journée d'hier un léger succès allemand à Notre-Dame-de-Lorette, où nous avons perdu une tranchée, et le bombardement de Reims qui a duré toute la journée, à raison de un obus toutes les trois minutes.

F. B.

Nouvelles diverses publiées par les journaux

— Le sous-marin allemand *U-8* a été coulé aujourd'hui, 4 mars, par des destroyers de la flottille de Douvres. Son équipage a été fait prisonnier.

— Un aviateur français, le capitaine Happe, a jeté hier des bombes sur la poudrerie allemande de Rottweil. Dix minutes après la poudrerie était en feu et les flammes s'élevaient à 400 mètres. Le raid est de 300 kilomètres aller et retour.

— Le même jour, un avion allemand a bombardé l'hôpital de Gérardmer; on ne signale aucun dégât.

— Le vapeur anglais *Dalblair* a été attaqué, au large de

la côte d'Essen, par deux aéroplanes allemands. Plusieurs bombes ont été jetées, mais aucune ne toucha le navire qui arriva sans encombre à Dundee.

— On annonce que Raymond Ensegnat, espagnol, domicilié à Troyes, qui s'était engagé à l'âge de 18 ans dans l'armée française, vient d'être tué à l'ennemi.

En Russie. — Depuis la bataille de Prasnysz, la direction des opérations en Prusse orientale paraît être sur toute la ligne aux mains des Russes. Au nord de Grodno, l'armée russe avance lentement, mais méthodiquement. Une autre armée menace la voie ferrée qui conduit à Thorn. L'échec complet du plan Hindenburg est indiscutable et on se demande comment il réussira à dégager ses troupes sans éprouver de grosses pertes. La cavalerie allemande manque de fourrages et des centaines de chevaux meurent tous les jours. Neuf batteries autrichiennes auraient été capturées par les Russes dans la région de Plockes-Kutus.

Dans les Carpathes, les Russes ont reçu des renforts considérables, ce qui leur permet de contraindre les Autrichiens à la défensive. A Stanislaw, la 36e division autrichienne a été battue à plate couture et la ville a été réoccupée par les Russes.

En Turquie. — L'attaque des forts des Dardanelles continue, conformément au plan minutieusement préparé. Dans la journée d'hier, 10 cuirassés ont pris part au bombardement. Le croiseur russe *Askold* a rejoint la flotte en vue des Dardanelles. Le déblaiement des mines s'opère pendant la nuit, à la lumière de puissants projecteurs. La flotte turque, composée du *Breslau*, de l'*Hamidiah*, du *Metjidié* et de quatre destroyers, est concentrée à Nagara.

On annonce que la flotte autrichienne fait des préparatifs pour sortir de l'Adriatique.

En Grèce. — L'heure des résolutions définitives paraît arrivée. Le conseil de la Couronne vient de se réunir; il a décidé, avant de prendre une résolution ferme, de demander l'avis des services de l'état-major général.

Documents historiques, récits et anecdotes

LE COMBAT DE STOSSWIRH. — *Les Allemands étaient ivres.*
— La dernière attaque allemande contre nos positions de
Stosswirh fut un désastre.

Cette attaque, on la prévoyait, on l'attendait chaque jour,
mais on ne l'espérait pas si téméraire, si absurde, si folle.
Ils l'ont conduite avec une présomption ridicule, un mépris
insensé de la vie de leurs hommes. Ils les ont fait tuer,
disait-on, à plaisir.

Ces soldats, amenés depuis peu en Alsace, sont des
recrues de tout âge. La plupart sont des jeunes gens très
jeunes. Quelques-uns sont des hommes faits. Beaucoup sont
des vieillards ou presque, mais tous sont mal instruits,
tous ont appris à la diable leur nouveau métier, tous sont
tristement habillés, tristement équipés.

Ceux qui prirent part à l'attaque de Stosswihr venaient
de Munster sans doute. Combien étaient-ils ? On ne sait.
Leur nombre couvrait la plaine, s'allongeait au flanc des
collines, s'enfonçait dans les bois. Ils allaient en masses
profondes, en blocs compacts, et leur troupe sombre se
détachait nettement sur la blancheur de la neige.

Ils avançaient, en certains points, sur un front large de
200 mètres, profond de 500. Ils étaient pressés, serrés,
entassés. En tête, les cinq premiers rangs de soldats se tou-
chaient, étaient coude à coude, ou se prenaient par les
bras. Ils n'avaient point d'armes, ni fusils, ni baïonnettes,
ni revolvers, mais seulement des grenades qu'ils tenaient
à la main et qu'ils espéraient lancer dans nos tranchées.

Ils montaient vers nous en chantant. Ils chantaient,
quoi ? On ne sait pas. Des cantiques; peut-être aussi des
refrains bacchiques ou guerriers. Leurs voix étaient rau-
ques et profondes, et leur chant s'élevait monotone et
triste. Dans le silence de la campagne, c'était comme une
mélopée lugubre, comme une hymne funèbre. Tous ces
soldats marchaient à la mort.

On voyait des lignes sombres de ce troupeau humain onduler à travers la plaine. Elles oscillaient, vacillaient, et parfois chancelaient, comme si tous ces gens eussent été ivres.

Ils étaient ivres, en effet, saouls d'alcool et d'éther.

On les laissa s'approcher jusqu'à 50 mètres de nos réseaux de fil de fer. Ils n'allèrent pas plus loin. Ils tombèrent là, en tas, les uns sur les autres. Nos chasseurs étaient à leurs postes, tapis dans leurs tranchées. Ils n'eurent qu'à ouvrir le feu, qu'à tirer au hasard dans cette masse étrange et profonde. Chaque balle de fusil ou de mitrailleuse portait, et chaque fois des ennemis s'abattaient. La mort fauchait impitoyablement à grands coups dans les rangs allemands.

Cinq fois les assaillants reculèrent, se reformèrent, revinrent à la charge. A la fin, ils ne chantaient plus. Il fallait les pousser pour les faire avancer, pour les obliger à enjamber les blessés gémissants, à passer par dessus les cadavres entassés devant eux. Ils y renoncèrent et s'enfuirent en désordre.

Le soir, on ramassa des morts qui étaient à demi-nus sous leur mince capote de cotonnade.

Dépêches officielles

Premier Communiqué

En Belgique, dans les Dunes, notre artillerie a démoli les tranchées ennemies.

Au nord d'Arras, près de Notre-Dame-de-Lorette, l'ennemi s'est emparé d'une tranchée avancée récemment construite par nous au contact immédiat des lignes allemandes.

Le bombardement de Reims a duré toute la journée à raison d'un obus toutes les trois minutes.

En Champagne, il se confirme que les contre-attaques allemandes contre la croupe conquise par nous au nord-est de Mesnil ont été d'une grande violence; deux régiments de la garde y ont participé avec acharnement. L'échec de cet effort a été complet.

Canonnade dans l'Argonne, avec de nouveaux progrès de notre part dans la région de Vauquois.

Deuxième Communiqué

En Belgique, dans la région des Dunes, notre artillerie a exécuté des tirs particulièrement efficaces et notre infanterie a occupé une nouvelle tranchée en avant de nos lignes.

En Champagne, nous avons continué à progresser; nous avons consolidé et élargi nos positions, notamment au nord-ouest de Perthes et au nord-ouest de Mesnil en faisant une centaine de prisonniers. Sur la croupe, au nord-est de ce dernier village, de nouvelles contre-attaques se sont produites; elles ont été repoussées. Les prisonniers confirment la gravité des pertes subies par les deux régiments de la garde engagés dans le combat d'hier.

En Argonne, au Four-de-Paris, une attaque allemande a été repoussée. Il en a été de même à Vauquois.

Près de Verdun, au fort de Vaux, un avion allemand a été abattu dans nos lignes. Les deux aviateurs sont prisonniers.

5 MARS 1915

Douze attaques allemandes sont repoussées dans les Dunes. — Les Français progressent sur l'ensemble du front. — Les Russes prennent l'offensive sur la rive gauche du Niémen. — Bombardement des forts de Smyrne par les flottes alliées.

Situation des armées sur le front occidental

Les batailles qui se livrent sur le front oriental et sur le front occidental ont une réelle importance, malgré cela, tous les yeux sont tournés vers les Dardanelles où se joue en ce moment la plus grosse partie du conflit actuel. Seules les puissances de la Triple entente ne manifestent aucune inquiétude car elles exécutent avec méthode le forcement des Dardanelles qu'elles ont longuement préparé et qu'elles sauront mener à bien. L'Allemagne et l'Autriche se demandent avec anxiété quel sera, à l'égard des neutres, le résultat de cette action navale à laquelle elles ne peuvent apporter aucun obstacle. Les puissances balkaniques et l'Italie hésitent à se jeter dans le conflit malgré leur ardent désir de prendre part à la curée lors du démembrement de la Turquie. Nous pouvons donc nous attendre d'ici peu à des événements importants.

Pendant que la flotte anglo-française réduit un à un les forts des Dardanelles, nos troupes ne restent pas inactives sur le front occidental et les communiqués d'aujourd'hui nous signalent de brillantes actions sur l'ensemble du front. En Belgique, les Allemands ont essayé dans la région des Dunes des nombreuses attaques qui ont toutes échoué. A Notre-Dame-de-Lorette la tranchée perdue hier a été reprise. En Champagne, nous avons progressé à nouveau au nord-ouest de Perthes et au nord-ouest de Beauséjour et une compagnie de la garde tout entière a été faite prisonnière.

Nous avons progressé également à Vauquois et la partie ouest de cette localité reste seule en possession de l'ennemi. Dans la région de Badonviller, dans la région de Celles, à Hartmannwillerkopf, nous avons pris des tranchées ennemies. Nous pouvons être satisfaits des résultats obtenus pendant la soirée du 4 mars et la matinée du 5 car ils sont réellement brillants.

F. B.

Nouvelles diverses publiées par les journaux

— Le ministère de la marine fait connaître que le 4 mars un bâtiment de la flottille légère française a canonné dans la Manche un sous-marin allemand. Trois obus ont atteint le sous-marin qui a plongé et a disparu sans laisser de trace.

— Un torpilleur croisant au large de Nice a fait prisonniers, à bord d'un vapeur espagnol, quatre sujets allemands et un autrichien, dont un officier, qui rejoignaient leur corps. Ils ont été amenés à Marseille.

— Des torpilleurs hollandais ont recueilli en mer l'épave d'un aéroplane anglais.

— Un avion allemand a été abattu à coups de canon le 2 mars, entre Vermelles et Annequin.

— Un autre avion allemand a été abattu le 3 mars, au fort de Vaux, près de Verdun.

— Les journaux allemands annoncent que le major général von Estorff, a été tué en Russie, à la tête de sa brigade.

En Russie. — L'offensive russe continue à se développer entre le Niémen et la Vistule, le général allemand von Bulow se retranche à l'est et à l'ouest d'Ossowiez. L'armée de Johannisburg se retire vers la frontière, les tentatives faites pour couvrir les flancs de cette armée, qui paraît en danger, n'ont pas réussi. L'aile gauche des troupes allemandes de Sierpe a été mise en déroute.

En Bukovine, les Autrichiens se retirent de la ligne Kourin-Czernovitz sur la ligne Franzenstal, les succès russes en Galicie étant une menace d'enveloppement.

En Turquie. — La flotte alliée a concentré son feu sur les forts Medjidié et Nagara. Le *Dublin* a démoli le poste d'observation de la péninsule de Gallipoli, le *Saphir* a bombardé des troupes rassemblées sur divers points; les cuirassés français ont bombardé le fort de Boulaïr et démoli le pont de Kavack.

Sur la côte de Syrie, le croiseur d'*Entrecastreaux* a démoli le sémaphore d'Arnous et le cuirassé *Jaureguiberry* a détruit un dépôt de pétrole à Saïda.

En Bulgarie. — La Bulgarie a concentré secrètement trois divisions complètes dans les environs de Tyrnovo. La division de Ghinmuldjina a été expédiée vers une destination inconnue. Un officier supérieur bulgare a déclaré que la Bulgarie ferait avancer ses troupes vers Andrinople.

Documents historiques, récits et anecdotes

L'EXPÉDITION DE ROTTWEIL. — La poudrerie de Rottweil est une des plus importantes de l'Allemagne. Rottweil est sur le Neckar, de l'autre côté de la forêt Noire, à 150 kilomètres de Belfort en ligne droite.

Un de nos aviateurs est descendu à 1.500 mètres seulement au-dessus de cette poudrerie pour lancer ses projectiles avec plus de précision. Il a ainsi lancé 4 obus de 90 m/m à mélinite (le premier sur les réservoirs d'acide, les trois autres sur la poudrerie proprement dite).

Le projectile lancé sur les réservoirs a fait jaillir une fumée bleue que l'aviateur a tout d'abord prise pour la fumée d'un tir dirigé sur lui. Peu après, une immense flamme s'élevait du même point avec des colonnes de fumée épaisse qui arrivèrent à la hauteur de l'appareil (1.500

mètres de haut). En effet, le pilote est resté dix minutes au-dessus de la poudrerie pour pouvoir observer les effets de son tir.

Il a, de cette façon, pu constater qu'en dehors de l'incendie principal, des flammes s'élevaient de différents points de la poudrerie, provoquées par l'éclatement des autres obus.

Dépêches officielles

Premier Communiqué

Au nord d'Arras, près de Notre-Dame-de-Lorette, nous avons repris la plus grande partie de la tranchée avancée que nous avions perdue avant-hier et fait cent cinquante prisonniers.

L'ennemi a de nouveau bombardé la cathédrale de Reims.

En Champagne, au nord de Souain, de Mesnil et de Beauséjour, rien de nouveau depuis le communiqué d'hier soir.

En Argonne, à Vauquois, nous avons repoussé deux contre-attaques et réalisé de nouveaux progrès, en infligeant à l'ennemi des pertes sensibles et en faisant de nombreux prisonniers; nous sommes maîtres de la plus grande partie du village.

Deuxième Communiqué

En Belgique, dans la région des dunes, nous avons solidement organisé la tranchée enlevée hier par nos troupes. Les Allemands ont essayé de pousser leurs tranchées au contact des nôtres; à douze reprises, notre feu les a dispersés.

Au nord d'Arras, nos contre-attaques dans la région de Notre-Dame-de-Lorette ont été couronnées d'un plein succès. Dans la soirée de jeudi, nous avons pris une compagnie de mitrailleuses. Dans la journée de vendredi, sur une nouvelle attaque de l'ennemi, nous avons riposté, refoulé les assaillants au delà de leur point de départ, repris les

éléments avancés restés depuis deux jours en leur possession et fait de nombreux prisonniers.

Reims a été bombardé toute la journée.

En Champagne, dans la région de Perthes, progrès marqués. Dans la soirée de jeudi, une compagnie de la garde
s'est trouvée encerclée dans nos lignes; elle est restée entre
nos mains malgré les efforts tentés pour la dégager. Dans
la journée de vendredi, nous avons gagné du terrain surtout le front, enlevé une tranchée au nord-ouest de Perthes,
occupé au nord du même village un saillant où nous avons
fait des prisonniers; nous avons conquis six cents mètres
de tranchées sur deux cents mètres de profondeur au delà
de la croupe qui est au nord-est de Mesnil et progressé dans
les bois voisins; nous nous sommes enfin rendus maîtres
de plusieurs tranchées dans les ravins au nord-ouest de
Beauséjour. De l'aveu des prisonniers, les pertes de l'ennemi sont extrêmement élevées. Le moral de nos troupes est
excellent.

En Argonne, à Vauquois, nous avons fait d'importants
progrès dans la partie ouest du village, la seule où les Allemands se maintinssent encore.

Au bois Le Prêtré (nord-ouest de Pont-à-Mousson), une
attaque allemande a été facilement repoussée.

Dans la région de Badonviller et dans la région de Celles
nos attaques ont progressé jusqu'au contact immédiat des
fils de fer de l'ennemi et nous avons repoussé une contre-
attaque.

En Alsace, à l'Hartmanswillerkopf, nous avons enlevé des
tranchées, un fortin et pris deux mitrailleuses.

6 MARS 1915

Un incendie se déclare à bord du transatlantique « La Touraine ». — M. Venizelos, ministre de Grèce, démissionne. — Le bombardement des Dardanelles continue.

Situation des armées sur le front occidental

La journée d'hier a été marquée par des duels d'artillerie de la mer du Nord jusqu'à l'Aisne et principalement dans les régions de Nieuport et d'Ypres. Dans les dunes, notre artillerie lourde a répondu efficacement aux batteries allemandes de Westende.

A Notre-Dame-de-Lorette, au nord d'Arras, une contre-attaque allemande, effectuée avec des effectifs importants, et destinée à reprendre le terrain que nous avions réoccupé l'hier, a été repoussée avec des pertes sérieuses.

En Champagne les opérations ont été ralenties en raison de la pluie qui n'a cessé de tomber pendant toute la journée, cependant deux contre-attaques ont été exécutées par les Allemands, au nord-est de Beauséjour. Elles ont été repoussées toutes deux et nos progrès d'hier dans cette région ont été maintenus.

D'autres combats ont eu lieu dans les Vosges et en Haute-Alsace notamment à Hartmanswilerkopf, à Uffhalz et à Sillakerkopf. Dans cette région l'ennemi s'efforce d'enrayer notre avance qui, quoique très lente, ne cesse pas de l'inquiéter. Les opérations sont très difficiles en raison des neiges qui couvrent les hauteurs et du débordement des rivières dans les vallées. Les duels d'artillerie sont très fréquents en Haute-Alsace et dans le voisinage de la frontière suisse le canon tonne sans discontinuer. Nos aviateurs ne sont pas inactifs et le 3 mars, six aviateurs venant du camp de Belfort ont survolé Saint-Louis, se dirigeant sur Wiesenthal. Ils sont partis ensuite vers Altkirch et sont rentrés à Belfort. Les ballons captifs sont fréquemment employés pendant les combats d'artillerie.

On signale également pour la journée d'hier une attaque allemande contre nos avant-postes, près de la forêt de Parroy, cette attaque n'a pas eu de succès.

F. B.

Nouvelles diverses publiées par les journaux

— On télégraphie d'Athènes que M. Venizelos, premier ministre de Grèce a donné sa démission, le roi n'approuvant pas la politique du gouvernement, qui était favorable à une intervention armée immédiate dans le conflit européen.

— Le ministre de la guerre communique qu'en raison de la situation dans les Dardanelles le gouvernement a décidé de concentrer dans l'Afrique du Nord un corps expéditionnaire destiné à prendre la mer au premier signal.

— Le transatlantique *La Touraine* a, ce matin, à 6 heures et demie, par télégraphie sans fil, demandé du secours, un incendie s'étant déclaré à bord. *La Touraine* se trouve à 1.400 kilomètres du Havre. Plusieurs vapeurs se portent à son secours.

— Le capitaine du steamer anglais *Alston* qui vient d'arriver à Wessthartlepool, prétend avoir coulé un sous-marin allemand dans la Manche, le 28 février.

— Le vapeur hollandais *Noorderdyck* qui se rendait à New-York vient de retourner à Rotterdam, ayant été frappé dans la Manche par une torpille.

— Deux avions allemands ont survolé hier la région de Nancy, ils n'ont pas pu jeter de bombes, nos avions leur ayant aussitôt donné la chasse.

— Le même jour un avion venant de Noyon et se dirigeant sur Compiègne, a rebroussé chemin, surpris par une vive fusillade.

— L'aviateur français Pégoud vient d'être décoré de la médaille militaire pour services exceptionnels dans l'aviation.

— Le prince de Galles a visité ces jours derniers l'hôpital de Béthune, il s'est entretenu avec les territoriaux français blessés au cours des derniers combats.

En Russie, — L'offensive russe se fait sentir du Niémen aux Carpathes. On signale cependant une forte concentration de troupes allemandes entre Thorn et Mlawa, en Prusse orientale, une lutte acharnée va probablement avoir lieu dans cette région.

On annonce de Bucarest que les progrès de l'offensive russe en Galicie ont obligé les Autrichiens à abandonner Czernovitz.

En Turquie. — Le bombardement des Dardanelles s'effectue normalement, le détroit est maintenant libre au tiers de sa longueur. Les cuirassés postés dans le golfe de Saros bombardent par dessus la presqu'île de Gallipoli les forts turcs qui défendent la partie la plus resserrée du détroit. La poudrière de l'un de ces forts a sauté. Selon des informations de source sûre, les Turcs ont décidé de rappeler les divers corps de troupes qui devaient prendre part à l'expédition contre l'Egypte.

Documents historiques, récits et anecdotes

UN ÉCHEC ALLEMAND EN CHAMPAGNE. — *La ferme d'Alger.* — Au nord de La Pompelle, au delà de la route nationale de Reims à Châlons, se trouve une auberge: la Ferme d'Alger, qui constitue entre nos mains un point d'appui, vivement disputé. On s'y bat depuis le mois de septembre.

Les Allemands, qui jusqu'alors avaient progressé à la sape et avaient cherché à bouleverser nos tranchées de la Ferme d'Alger à coups de mines et de torpilles aériennes, ont prononcé le 2 mars contre cette position une attaque de vive force qui s'est résolue par un échec complet.

Cette tentative fut précédée d'un bombardement intense et de deux essais de diversion.

La canonnade commença le 1er mars à la fin de l'après-midi. Tout le front de Reims, de Bétheny à Prunay, fut soumis pendant la nuit à un bombardement continu par des pièces de tout calibre.

Dès leur entrée en action les batteries allemandes furent prises à partie par notre artillerie qui en même temps procédait elle-même à un bombardement méthodique des ouvrages ennemis.

A 2 heures 15 première attaque allemande. Deux compagnies débouchèrent de Cernay, en trois groupes, l'un sur la route, l'autre, le plus important, en échelon sur le glacis, les hommes au coude à coude; le troisième enfin composé d'une vingtaine d'hommes porteurs de cisailles suivit un cheminement défilé.

Celui-ci seul arriva jusqu'au réseau de fils de fer, en sectionna une partie, et essaya de pénétrer dans la tranchée. Mais en quelques instants les assaillants furent tués, ou faits prisonniers, à la suite d'un rapide corps à corps. Un de nos officiers, bien que blessé au bras droit et à la main gauche, parvint à étreindre un Allemand et le fit rouler au fond de la tranchée ou il le maintint sous son talon.

Les deux autres groupes avaient été arrêtés net par le feu d'infanterie et par un tir de 75.

Quelques instants après, à 2 heures 45, à l'autre extrémité du front, entre la ferme d'Alger et Prunay, une autre attaque se développait. Utilisant un couvert de sapins une compagnie ennemie parvint jusqu'à dix mètres de notre tranchée. Un feu de mousqueterie nourri l'arrêta, tandis qu'un tir de 75 bien réglé sur les tranchées allemandes interdisait aux gros ennemis d'en sortir et leur infligeait des pertes sérieuses.

L'attaque principale qui avait pour objectif nos tranchées de la Ferme d'Alger se déclancha au petit jour. Elle avait été précédée d'une préparation intense d'artillerie et du lancement de quelques torpilles aériennes par les lance-bombes.

Deux colonnes menèrent l'assaut, fortes chacune d'une compagnie. Elles devaient être suivies d'un important soutien, mais un tir exécuté par notre artillerie sur les ouvrages ennemis neutralisa l'action des renforts.

Prises entre le feu de nos mitrailleuses et le tir de l'artillerie, les deux compagnies allemandes subirent de lourdes pertes, et, sans essayer de poursuivre leur effort, se replièrent.

Le bilan de cette action se chiffre pour les Allemands par une consommation d'environ huit mille projectiles, qui n'ont guère causé que des dommages matériels, et par une perte d'hommes qu'on peut, d'après le nombre des cadavres, évaluer à trois cent cinquante hommes mis hors de combat, soit à peu près les deux cinquièmes des effectifs qu'ils avaient engagés. — (*Officiel.*)

Dépêches officielles

Premier Communiqué

En Belgique, actions d'artillerie assez vives dans les régions de Nieuport et d'Ypres.

De la Lys à l'Aisne, canonnade intermittente.

En Champagne, les progrès que nous avons réalisés hier dans le ravin au nord-ouest de Beauséjour ont amené les Allemands à faire, la nuit dernière, une nouvelle contre-attaque qui a été repoussée.

Tous nos progrès dans la région de Perthes, signalés par le communiqué d'hier soir, ont été maintenus.

Près de Viéville-en-Haye (nord-ouest de Pont-à-Mousson) des tirs bien réglés sur une ferme ont déterminé une panique parmi les soldats qui l'occupaient; ceux-ci se sont enfuis vers les bois, poursuivis par nos projectiles.

Près de la forêt de Parroy, de petites fractions allemandes ont tenté sans succès d'attaquer nos avant-postes.

Deuxième Communiqué

En Belgique, dans les dunes, notre artillerie a exécuté un tir très efficace sur les batteries lourdes de Westende.

Au nord d'Arras, dans la région de Notre-Dame-de-Lorette, nos contre-attaques ont continué à progresser. Les Allemands, qui avaient engagé de gros effectifs, ont subi là un échec sérieux.

En Champagne dans le ravin au nord-ouest de Beauséjour, une contre-attaque allemande a été repoussée. La pluie, qui est tombée toute la journée, a ralenti les opérations.

En Alsace, les progrès réalisés par nous dans les Vosges à l'Hartmannswillerkopf portent sur trois cents mètres de tranchées allemandes.

Dans la soirée du 5, nous avons repoussé une contre-attaque en face d'Uffholz et fait sauter un dépôt de munitions à Cernay.

Dans la nuit du 5 au 6, nous avons balayé les avant-postes ennemis qui tentaient de s'établir sur le Sillakerkopf (contrefort est du Hohneck).

7 MARS 1915

Violentes contre-attaques allemandes contre Notre-Dame-de-Lorette. — Prise par les Français du Reichackerkopf (Vosges). — Nouveaux progrès en Champagne.

Situation des armées sur le front occidental

La situation paraît plus calme dans les Flandres qu'elle n'était les jours précédents pendant lesquels nous avons réalisé paraît-il de réels progrès. Les Allemands ont été chassés de nombreuses tranchées et ils ont éprouvé des pertes sérieuses qu'ils s'efforcent de réparer.

On se bat sérieusement, vers Notre-Dame-de-Lorette et nous avons repoussé les Allemands un peu plus au nord d'Arras; par de nombreuses contre-attaques, l'ennemi a essayé de reconquérir le terrain perdu, mais là comme partout ailleurs nous ne paraissons pas disposés à fléchir.

En Champagne, la lutte est toujours opiniâtre. A lire les communiqués officiels, on pourrait croire que dans cette région il ne se livre que des combats de tranchées, un peu plus importants que sur d'autres parties du front, puisque notre avance est continue, mais ce sont parfois de véritables batailles qui sont engagées, lorsque l'ennemi contre-attaque. Les renseignements fournis par les blessés qui ont pris part à ces actions sont beaucoup circonstanciés et ils ne laissent aucun doute sur les efforts désespérés que fait le commandement allemand pour s'opposer à notre avance. Hier encore, nous avons progressé à l'ouest de Perthes, au nord-est de Mesnil et au nord de Beauséjour. C'est donc toujours sur la ligne Souain-Beauséjour que se porte notre offensive.

Nous ne sommes inactifs dans les Vosges et, soit que

nous attaquions, soit que nous résistions aux contre-attaques ennemies, le sort paraît favorable à nos armes. Dans
la journée du 6 mars nous avons enlevé deux positions importantes, le petit et le grand Reichackerkopf (à l'ouest de
Munster) et nous avons ensuite progressé sur les flancs des
coteaux. Nous avons occupé la localité d'Inberg, sur la rive
droite de la Fecht. A Hartmannswillerkopf, cinq contre-
attaques ennemies exécutées avec des effectifs importants
ont été repoussées dans la journée du 6 et la matinée du
7 mars.

F. B.

Nouvelles diverses publiées par les journaux

— Un radiotélégramme du capitaine Caussin, qui commande le transatlantique *La Touraine* fait connaître qu'il
est en route pour le Havre, escorté par le *Rotterdam;* qu'il
espère se rendre maître de l'incendie qui s'était déclaré à
bord.

— Un journal répartit ainsi les sous-marins allemands:
8 à Héligoland, 6 à Willhelmshafen, 4 à Cuxhaven, 4 à
Dantzig, 9 à Zeebrugge, soit au total 31 sous-marins en
activité. Quelques autres sont en réparation.

Les officiers allemands prisonniers du *U-8* ont dit aux
officiers du croiseur anglais qui les a amenés à Douvres
que depuis le commencement du blocus, le 18 février, l'Allemagne avait perdu 8 ou 10 sous-marins.

— Afin de renforcer sa flotte de guerre, l'Autriche arme
des navires marchands en croiseurs auxiliaires, la plupart
d'entre eux seront munis de canons de 310 m/m.

— Le vapeur anglais *Surrey* allant de Liverpool à Dun-
kerque, avec 2.400 tonnes de viande congelée a heurté une
mine au large de Douvres.

En Russie. — L'armée russe de Prusse orientale continue
à livrer des combats victorieux, notamment vers Kornovo
et entre Mlawa et la Vistule. Le bombardement d'Ossowietz

par les Allemands continue, mais avec beaucoup moins d'intensité.

Les efforts des Autrichiens pour délivrer Przemysl ne semblent pas devoir réussir. La situation de la garnison est désespérée, plusieurs forts sont tombés entre les mains des Russes. En Bukovine, le but de la nouvelle offensive russe est Ndvaorna, ou les Autrichiens se sont repliés devant les forces qui les ont chassées de Stanislawoff.

On annonce de Grodno qu'un avion allemand a été abattu près de la ville.

En Turquie. — Les opérations navales continuent dans les Dardanelles, le cuirassé anglais *Queen-Elisabeth* posté dans le golfe de Saros, a bombardé les deux grands ouvrages de la côte asiatique qui défendent la passe de Chanak. Les bateaux relève-mines continuent leurs opérations sous la protection des cuirassés.

Les Turcs ont évacué la ville de Kilid-Bahr.

A Constantinople, la situation est toujours inquiétante. Les banques ont envoyé leur numéraire en lieu sûr. Le général Liman von Sanders a expédié 40.000 marcks en Allemagne, ses deux filles partiront incessamment.

Un télégramme d'Athènes annonce que la flotte anglaise a bombardé les forts de l'entrée du golfe de Smyrne.

Documents historiques, récits et anecdotes

LES BOCHES VOULAIENT DES COUPS DE CROSSE. — *Nos « Diables bleus » leur en ont donné!* — Le train sanitaire a amené, ces jours derniers, à Marseille, un chasseur alpin qui portait à la tête une plaie affreuse, la boîte crânienne ayant été brisée au-dessus de l'oreille gauche. Or, cette blessure de guerre, qui ne provenait ni d'un coup de fusil ni d'un éclat d'obus, paraissait avoir été produite par un objet contondant comme une matraque ou une massue. Questionné à ce sujet, le soldat fit alors le récit suivant:

— J'ai été assommé, en effet, d'un coup de crosse dans

une rencontre de ma section avec les Boches, en Alsace. Cette fois encore, nous avons été abusés par les manœuvres hypocrites de ces bandits, mais ils s'en souviendront, çà leur a couté chaud!

Voici les faits:

Par une terrible tempête de neige, nous débouchions d'un petit bois, quand tout à coup nous nous trouvons en présence d'un gros détachement d'ennemis qui louvoyait dans la tourmente.

— « Halte et feu à volonté! » commanda notre officier.

On se met en position, on épaule, on ajoute et... crac! nos fusils ne partent pas! Je dois vous dire que nous avions passé des semaines sous la pluie, dans la boue, dans la neige; et nos armes avaient souffert autant que nous. Nous étions donc exposés au feu des « Boches » comme à un peloton d'exécution.

Les mausers tombent en joue. Nous voyons leurs canons devant nos yeux comme une ligne de mire. Un cri de rage dans nos rangs. Les bandits vont nous fusiller jusqu'au dernier. Si encore on pouvait y aller d'un bond à la baïonnette!

Mais pourquoi ne tirent-ils pas? Leurs visages grimacent, leurs bras s'agitent. Quelques rares coups petent comme des coups de sarbacane. Nous avons compris. La poudre du kaiser n'était plus sèche, elle était aussi mouillée.

Mais, on se regarde... Pas longtemps, quelques minutes. Les Boches nous dominent par le nombre. Mais, bah « Rosalie » est là pour un coup. Allons-y, allons-y à la baïonnette!

— Tiens, notre allure décidée les impressionne; ils lèvent la crosse en l'air. « Allons les cueillir! » commande notre officier...

Nous voilà dans leurs rangs, sans défiance, mais tout à coup, les crosses levées s'abattent sur nos têtes comme des marteaux d'enclume.

Nous sommes tombés dans un traquenard! mais puisque

c'est des coups de crosse qu'il faut à ces c... là, en voilà des coups de crosse! Pendant un moment on aurait pu se croire dans une coupe de bois, au milieu de bûcherons. Les poitrines haletaient: han! Et les crosses faisaient un bruit sourd: pan! pan! comme des haches dans une forêt en friche.

Les assommer n'était point facile. Il y a de la résistance chez le Boche: le casque et puis aussi la tête qui est plus dure! On en est venu à bout tout de même. Les ennemis épouvantés, se rendirent.

Tel est le récit, fidèlement reproduit du petit chasseur.
— (*Le Petit Journal*.)

Dépêches officielles
Premier Communiqué

Nous continuons à gagner du terrain au nord d'Arras dans la région de Notre-Dame-de-Lorette, où nos contre-attaques ont enlevé plusieurs tranchées; les pertes de l'ennemi sont importantes.

En Champagne, nous avons légèrement progressé au nord de Perthes et au nord-ouest de Beauséjour.

Dans les Vosges, nous avons enlevé successivement à l'ouest de Munster, les deux sommets du petit et du grand Reichackerkopf. L'ennemi a contre-attaqué à deux reprises en partant de Muhlbach et de Stosswihr, c'est-à-dire par le sud et par le nord. Ces deux contre-attaques ont été complètement repoussées. Nous avons, d'autre part, sur la rive nord de la Fecht, enlevé Inberg (un kilomère sud-est de Sultzerren). Ce succès a été complété plus au nord par l'enlèvement de la cote 856, au sud des Hautes-Huttes. Enfin, à l'Hartmannswillerkopf, nous avons repoussé la contre-attaque d'un bataillon allemand qui a subi de fortes pertes et laissé entre nos mains de nombreux prisonniers.

Deuxième Communiqué

Au nord d'Arras, à Notre-Dame-de-Lorette, les Allemands ont tenté une contre-attaque qui n'a pas pu déboucher; ils en ont prononcé ultérieurement trois autres qui ont également échoué.

En Champagne, à l'ouest de Perthes, nous avons pris pied dans un bois très fortement organisé par l'ennemi et fait des prisonniers; au nord du même village nous avons repoussé une contre-attaque. Nous avons gagné du terrain sur la croupe nord-est de Mesnil et enlevé une nouvelle tranchée au nord de Beauséjour.

Au bois de Consenvoye (nord de Verdun), nous avons repoussé une contre-attaque.

Dans les Vosges nous avons progressé sur les flancs du Reichackerkopf et fait des prisonniers. A l'Hartmannswillerkopf nous avons repoussé cinq contre-attaques.

---

8 MARS 1915

Progrès des Français au Bois Brûlé. — Violent combat au bois Le Prêtre. — Le vapeur américain « Pacific » à destination d'Allemagne est saisi par les Anglais.

Situation des armées sur le front occidental

Les tempêtes de pluie et de neige ont recommencé à sévir sur certaines parties du front et il en est résulté un ralentissement dans les opérations. Le mauvais temps s'est surtout fait sentir en Champagne, depuis deux jours notre offensive a été contrariée mais non interrompue pour cela, puisque dans la journée du 7 mars nous avons enlevé de nouvelles tranchées au nord-ouest de Souain, élargissant ainsi notre front. Dans la nuit du 7 au 8 et dans la matinée du 8 mars, nous avons eu à résister à de nombreuses contre-attaques exécutées sur l'ensemble du front Souain-Beausé-jour, avec des effectifs représentant dans leur ensemble plusieurs corps d'armée. Nous nous sommes maintenus sur le terrain conquis presque partout et à l'ouest de Perthes non seulement nous avons repoussé l'ennemi, mais nous avons progressé de 500 mètres environ, faisant de nombreux prisonniers. Entre Mesnil et Beauséjour nous avons été refoulés des quelques tranchées que nous avions conquises la veille mais nous avons progressé de 100 mètres environ au nord-est de Ménil. Le résultat des combats en Champagne pendant ces deux jours est donc excellent dans son ensemble.

On se bat toujours au bois Brûlé, dans la forêt d'Apre-mont, au sud-est de Saint-Mihiel et ce matin encore, nous avons enlevé à l'ennemi une tranchée et tout le matériel qu'elle contenait.

Dans les Vosges et en Haute-Alsace, les combats ont une importance aussi considérable qu'en Champagne, tant par les effectifs engagés par l'ennemi que par la ténacité dont il fait preuve pour s'opposer à notre avance. Il est vrai que nos troupes montrent une endurance extraordinaire et que leur ardeur est tout au moins aussi grande que celle de l'adversaire. Dans les Vosges, la croupe de Reichackerkopf est le théâtre de violents combats: hier, les Allemands ont vigoureusement attaqué nos chasseurs alpins, ils ont même réussi à prendre pied sur la crête pendant un instant, mais ceux-ci les ont rejetés après un furieux corps à corps et ils sont restés maîtres de la position.

F. B.

Nouvelles diverses publiées par les journaux

— Le transatlantique *La Touraine* est entré aujourd'hu
au Havre, par ses propres moyens. L'incendie était étein
Le capitaine Caussin a déclaré qu'il ignorait les causes d
l'incendie. A New-York on craint que le transport n'ait ét
victime d'un attentat de la « Conspiration incendiaire alle
mande ». Une enquête est ouverte.

— Le steamer américain *Pacific* chargé de coton à des
tination d'Allemagne, a été saisi par un croiseur anglais.

— Le ministre de la guerre, M. Millerand, a consacré l
journée du 7 mars à visiter une partie du front, de la régio
d'Arras à l'Oise. Il a constaté que les troupes étaient dan
des conditions morales et matérielles satisfaisantes.

— Le capitaine aviateur français Happé, vient d'êtr
décoré de la Légion d'honneur pour avoir bombardé e
détruit la poudrerie de Rothwel (Allemagne).

En Russie. — Le communiqué officiel russe est ains
conçu: Notre offensive continue sur la rive gauche d
Niémen et dans la région au nord-ouest de Grodno. No
troupes ont repoussé les Allemands au delà du front Sopots
kim-Lypsck. Il en est de même dans la région de Mlawa
où nos attaques ont été couronnées de succès.

Sur la rive gauche de la Vistule, dans la région de l
Pilitza le combat revêt le caractère d'une grande bataille.

Dans les Carpathes, les attaques autrichiennes con
tinuent entre l'Ondava et le San. Au sud-ouest d
Lutovisk, l'ennemi a tenté de pénétrer sur la rive droit
du San, mais les contre-attaques que nous avons faites dan
la nuit du 6 mars nous ont permis d'anéantir les élément
autrichiens qui avaient passé le fleuve.

En Turquie. — Le ministère de la marine communiqu
que les 4 cuirassés français *Suffren*, *Gaulois*, *Charlemagn*
et *Bouvet*, ainsi que les cuirassés anglais *Agamemnou* e
Lord-Nelson sont entrés dans les Dardanelles le 7 mar
et ont continué à bombarder les forts.

On annonce de Sofia que toutes les troupes de la garnison d'Andrinople et de celle de Démotika sont expédiées en toute hate à Gallipoli.

En Bulgarie. — Les succès franco-anglais dans les Dardanelles ont causé en Bulgarie un grand enthousiasme. Une grande activité règne parmi les Bulgares en Thrace, ils désarment la population turque.

On remarque un changement notable dans le ton de la presse germanophile.

Documents historiques, récits et anecdotes

LA PRISE DU BLOCKHAUS DU BOIS LE PRÊTRE. — Ainsi que l'a fait connaître le communiqué quotidien, nous nous sommes emparés le 1er mars au bois Le Prêtre, près de Pont-à-Mousson, d'un blockhaus ennemi. Cette attaque très brillamment menée à fait tomber entre nos mains après une lutte assez vive, une vingtaine de prisonniers, parmi lesquels un officier et quelques pionniers du génie.

Les Allemands n'ont pas voulu rester sur cet échec; ils ont esquissé à diverses reprises des tentatives de contre-attaques rapidement enrayées par le feu de notre infanterie et de notre artillerie. Ils ont ensuite cherché à démolir le blockhaus en le couvrant de projectiles et d'explosifs de toute sorte.

Cette activité qui était d'ailleurs sans résultats, a amené de notre part dans la journée du 4 mars une riposte énergique. Nous avons lancé sur la tranchée ennemie deux bombes puissamment chargées. L'une, éclatant sur le parapet rasa complètement la tranchée sur une longueur de huit mètres, l'autre fit explosion dans la tranchée elle-même et l'on vit sauter en l'air les cadavres, les sacs à terre et les fusils, projetés dans toutes les directions. L'ennemi cessa aussitôt son bombardement. Vers minuit, le lancement des bombes et des grenades reprit et soudain les Allemands en poussant des « hurrah » frénétiques, s'élancèrent vers le blockhaus, mais nos troupiers étaient en éveil; ils accueil-lirent l'ennemi par une fusillade nourrie. En même temps, nos organes de flanquement entraient en action. Les assail-lants vinrent se heurter à une barricade en sac de terre que nous avions organisée en avant du blockhaus; ils tentè-rent vainement de s'y frayer un passage; ils rencontrèrent devant eux de forte résistance, Pris en même temps d'enfi-lade par notre feu, ils furent obligés de se replier, après avoir été fortement éprouvés. C'était le quatrième échec allemand devant le blockhaus perdu.

Dépêches officielles

Premier Communiqué

En Champagne rien d'important à ajouter au communi-qué d'hier soir; les progrès annoncés ont été élargis à la fin de la journée. Nous avons en outre enlevé des tranchées au nord-ouest de Souain. Les tranchées conquises par nous entre Perthes et Beauséjour représentent de quatre à cinq cents mètres. Nous avons fait des prisonniers parmi les-quels plusieurs officiers.

Dans la région des Hauts-de-Meuse, notre artillerie lourde a, déclarent des prisonniers, gravement détérioré un canon de 42 centimètres récemment mis en batterie par l'ennemi. Cette pièce a dû être démontée et envoyée à l'arrière pour réparations; quatre servants ont été tués, sept blessés.

En Lorraine, nous avons progressé au nord de Badon-viller.

Dans les Vosges, au Reichackerkopf, les Allemands ont violemment contre-attaqué à la fin de l'après-midi d'hier. Ils ont pu un instant prendre pied sur la crête, mais, après de furieux corps à coprs, nos chasseurs les ont rejetés et sont restés définitivement maîtres du Reichackerkopf. Les pertes subies par l'ennemi sont extrêmement lourdes.

En Haute-Alsace, au sud de la gare de Burnhaupt, une

attaque a été tentée contre nos positions avancées; elle a été dispersée par le feu de notre infanterie.

Deuxième Communiqué

En Champagne, des tempêtés de neige ont à diverses reprises, dans le courant de la journée, gêné les opérations.

Ce matin, l'ennemi a tenté de reprendre le bois enlevé par nous hier à l'ouest de Perthes. Il a été repoussé et notre contre-offensive nous a permi de gagner du terrain vers le nord et vers l'est, en faisant des prisonniers. Cette progression a continué et s'est accentuée dans l'après-midi.

Dans la région de Perthes, nous avons gagné plus de cinq cents mètres de tranchées.

Entre Mesnil et Beauséjour nous avons perdu quelques mètres de tranchées conquises hier, et nous avons gagné une centaine de mètres sur la croupe au nord-est de Mesnil.

Dans la région de Saint-Mihiel au bois Brûlé, forêt d'Apremont, nous avons pris pied dans une tranchée ennemie. Nous avons trouvé beaucoup de matériel.

Au bois Le Prêtre, nord-ouest de Pont-à-Mousson, les Allemands ont tenté de prononcer une attaque qui n'a pas pu déboucher.

Nos progrès ont continué dans la région au nord de Badonviller.

En Alsace, au Reichackopf, nous avons repoussé une contre-attaque.

9 MARS 1915

Violents combats sur tout le front, notamment à Notre-Dame-de-Lorette. — Un sous-marin allemand « U-12 » est coulé par l' « Ariel ». — Bombardement d'Ostende par des avions anglais. — Bombardement d'Ossovietz (Russie) par les Allemands.

Situation des armées sur le front occidental

Un sanglant combat s'est livré hier en Belgique, au sud de Dixmude; le communiqué officiel nous annonce simplement une tentative d'attaque allemande qui a échoué. Les nouvelles hollandaises sont plus explicites, elles nous apprennent qu'une violente canonnade a été entendue, ce qui semble indiquer qu'un combat opiniâtre s'est engagé sur le front d'Ypres; en outre de nombreux trains de blessés ont traversé la ville de l'Écluse. Ces blessés sont soignés à l'hôpital d'Ecclos, à 15 kilomètres en arrière du front. Les dépêches hollandaises veulent sans doute parler des attaques contre Steenstraete signalées dans les communiqués.

A Notre-Dame-de-Lorette, au nord d'Arras, la bataille continue.

C'est surtout en Champagne que se déploie la plus grande énergie, les adversaires se disputent le terrain pied à pied.

Toute position conquise par les Français est immédiatement mise en état de défense et les retours offensifs de l'ennemi rencontrent une résistance opiniâtre qui n'a d'égale que la persistance de l'assaillant. Si les pertes sont parfois sérieuses de part et d'autre nous avons tout au moins l'avantage d'une avance méthodique irrésistible qui paraît devoir se continuer. Les beaux jours amènent avec eux l'espérance du succès. Pendant la journée du 8 mars, nous avons refoulé deux contre-attaques entre Souain et Perthes. Nous avons progressé au nord de Perthes, au nord-est de Mesnil et nous avons repris au nord de Mesnil la tranchée qui nous avait été enlevée hier. En résumé, succès sur toute la ligne.

Nous avons attaqué en Argonne, au bois Bolante et au Four-de-Paris et nous avons enlevé une ligne de tranchées aux Allemands.

En Alsace, la lutte est toujours active, au Reichackerkopf, dans la vallée de la Thur et près de Watwiller. Notre artillerie a recommencé le bombardement de Cernay. Lorsque les eaux seront écoulées, nous assisterons assurément à une recrudescence d'activité.

F. B.

Nouvelles diverses publiées par les journaux

— Un télégramme d'Athènes annonce que le ministère est reconstitué, sous la présidence de M. Gounaris Ce ministère est partisan d'une neutralité momentanée de la Grèce mais il est plutôt favorable aux puissances de la Triple Entente.

— On annonce de Londres que le 7 mars, à 2 heures, le vapeur anglais *Bengrove* a été coulé par un sous-marin allemand en vue d'Ilfracombe.

Un autre vapeur, le *Lydia* qui fait le service entre Southampton et les îles de la Manche, a évité la torpille d'un sous-marin.

— Le 7 mars, 6 aéroplanes de la marine anglaise ont effectué un raid sur Ostende. Ils ont lancé onze bombes sur la station des sous-marins et 4 bombes sur le Kursaal où se trouve le quartier général allemand. Tous les pilotes sont revenus à leur point de départ.

— Le 8 mars, à 5 heures du soir, une explosion formidable s'est produite à l'arsenal d'Anvers, 14 hommes ont été tués et 70 ont été blessés. Le bâtiment est gravement endommagé.

— On apprend d'une source digne de foi que onze sous marins allemands destinés au blocus de la mer du Nord et de la Manche viennent d'arriver à Zeebrugge.

En Russie. — L'offensive russe persiste en Prusse orientale sur le front Mariampol, Simno et Augustowo.

L'offensive allemande sur la rive gauche de la Vistule dans la région de la Pilitza a été arrêtée.

Dans les Carpathes les attaques autrichiennes faiblissent. Dans la région de Klause, une colonne autrichienne a été cernée, un bataillon tout entier s'est rendu.

En Turquie. — Dans la journée du 8 mars, le super-dreadnougt anglais *Queen-Elisabeth* soutenu par quatre cuirassés est entrée dans les Dardanelles et a bombardé avec ses grosses pièces de 381 m/m, le fort Roumeli-Medjidieh-Tabia situé dans le sud de la pointe de Kilid-Bahr. Le mauvais temps gêne les opérations.

La flotte qui opère dans les Dardanelles vient d'être renforcée de deux nouveaux cuirassés anglais dont un du type *Queen-Elisabeth* qui est le plus puissant dreadnought du monde.

La flotte russe de la mer Noire a bombardé Zoungouldak, Eregli, Kilimi et Kozlou. Les batteries turques ont été réduites au silence. Huit vapeurs et un grand voilier ont été coulés.

En Italie. — On s'émeut, dans les milieux officiels, de la situation internationale qui va être créée par le forcement des Dardanelles. On prévoit d'ici peu une modification dans l'attitude de l'Italie.

Documents historiques, récits et anecdotes

LE BUT ET LE RÉSULTAT DE NOTRE ACTION EN CHAMPAGNE. — Les opérations, qui se poursuivent en Champagne depuis plusieurs semaines, ont complètement atteint le but qui leur tait assigné. Ce but avait un double caractère, local et général.

Résultats locaux. — Les résultats locaux se résument par un progrès continu.

Jamais les Allemands, malgré d'innombrables et violentes contre-attaques, n'ont rien pu nous reprendre de ce que nous leur avons enlevé.

Notre gain représente, sur un front de sept kilomètres en longueur, deux à trois kilomètres de profondeur, par rapport à nos positions de la fin de décembre.

Ce gain nous a rendus maîtres d'une ligne de hauteurs qui offre une base favorable pour de nouvelles attaques.

Les pertes allemandes ont été très élevées. Deux régiments de la garde ont été à peu près anéantis.

Certaines unités, par exemple les deuxième et cinquième compagnies du deuxième régiment de la garde, n'existent plus. Les première, sixième et septième du même régiment ont été fondues en une seule.

Un commandant de compagnie prisonnier a déclaré que chaque rafale de notre artillerie abattait trente hommes par compagnie dans les tranchées allemandes.

Des brancardiers divisionnaires capturés par nous ont fait connaître que, pendant trois semaines, ils ont eu à transporter chaque nuit, pour leur seule division, quatre cents grands blessés (sans compter les blessés pouvant marcher).

Or, les effectifs engagés par l'ennemi ont varié de quatre à cinq corps d'armée et demi et nous avons trouvé sur le terrain près de dix mille cadavres allemands.

Nous avons fait près de deux mille prisonniers, appartenant à cinq corps d'armée différents, pris des canons-revolvers et beaucoup de mitrailleuses.

Le moral des prisonniers est très bas. Des cas de folie se sont produits dans les troupes, obligées maintenant de tenir dans des tranchées contruites à la hâte au fur et à mesure de nos progrès.

Résultat général. — Le but essentiel des opérations enta-
mées par nous le 16 février en Champagne était de fixer sur
ce point du front le plus grand nombre possible de forces
allemandes, de leur imposer une grosse consommation de
munitions, et d'interdire à l'ennemi tout transport de troupes en Russie.

Ce but a été complètement atteint.

Les Allemands avaient en Champagne le 16 février cent
dix-neuf bataillons, trente et un escadrons, soixante-quatre
batteries de campagne, vingt batteries lourdes.

Du 16 février au 10 mars ils y ont amené en plus vingt
bataillons d'infanterie (dont six de la garde), un régiment
d'artillerie de campagne et deux batteries lourdes de la
garde, soit la valeur d'un corps d'armée.

Malgré ces renforts, ils n'ont pas réussi à reprendre
l'avantage.

En revanche, ils se sont trouvés dans l'impossibilité de
transporter des troupes en Russie.

Ainsi a été facilité, conformément au plan des armées
alliées, le brillant succès remporté du 25 février au 3 mars
par les Russes (retraite précipitée des Allemands, capture
de dix mille prisonniers, de nombreux canons et mitrailleuses).

Il est intéressant, d'autre part, de remarquer qu'une notable partie des troupes allemandes envoyées en Champagne
entre le 6 février et le 10 mars venaient de la région du
Nord, où l'armée anglaise a remporté le 10 mars un premier succès.

C'est le cas notamment, des six bataillons, des six batteries de campagne et des deux batteries lourdes de la garde.

Par là s'affirme, une fois de plus, au bénéfice des armées
alliées, l'étroite solidarité des opérations, aussi bien sur les
diverses parties du front occidental qu'entre ce front et
le front oriental.

L'aveu allemand. — Au surplus, dans un communiqué du

10 mars, l'état-major allemand n'a pas pu éviter de le reconnaître.

Premier aveu: le communiqué confesse que notre action en Champagne a commencé au moment du succès allemand des lacs de Mazurie. Mais il omet d'ajouter ce que tout le monde sait, à savoir qu'à partir du 25 février ledit succès allemand en Russie s'est changé en un échec caractérisé.

Deuxième aveu: le même communiqué prétend que l'armée allemande n'a engagé en Champagne que « deux faibles divisions ». Mais il mentionne la présence de deux commandants de corps d'armée de l'armée von Einem, plus les bataillons de la garde (venus du Nord) et « d'autres unités appelées à leur secours ».

Troisième aveu: le communiqué déclare que l'armée allemande a perdu plus de monde en Champagne qu'à la bataille des lacs de Mazurie; or aux lacs de Mazurie il y avait quatorze corps d'armée allemands et trois divisions de cavalerie.

Si réel qu'ait été notre succès de Champagne, il nous eût été difficile d'infliger à « deux faibles divisions » des pertes plus lourdes que celles subies en Russie par quatorze corps d'armée. Si les pertes des Allemands en Champagne ont été aussi lourdes que le prétend leur état-major, c'est qu'il y avait là non deux divisions, mais plus de dix.

Dépêches officielles

Premier Communiqué

Les seuls faits signalés depuis le dernier communiqué sont:

Hier soir, à la nuit, un violent bombardement par l'ennemi de la région à l'est de Steenstraete (sud de Dixmude), suivi d'une tentative d'attaque des Allemands qui a échoué.

Au Reichbackerkopf plusieurs attaques ennemies qui ont été facilement repoussées.

Deuxième Communiqué

En Belgique, à l'est de Steenstraete, nous avons repouss[é] une attaque.

Au nord d'Arras, à Notre-Dame-de-Lorette, on s'est batt[u] toute la journée sans que les positions des adversaires s[e] soient modifiées.

En Champagne, combats très chauds qui nous ont ét[é] favorables.

Entre Souain et Perthes, dans le bois où nous avons pri[s] pied il y a trois jours, nous avons refoulé deux contre-attaques et réalisé des progrès nouveaux. Progrès égalemen[t] dans les bois à l'est du précédent au voisinage immédiat d[e] Perthes. Au nord du même village, l'ennemi a attaqué et [a] été repoussé. Sur la croupe nord-est de Mesnil, notre gai[n] d'hier, qui était de quatre cent cinquante mètres, s'es[t] augmenté de deux cents mètres.

Nous avons enlevé un ouvrage allemand, pris un canon revolver et trois mitrailleuses, et fait des prisonniers. L'or-ganisation ennemie, extrêmement forte, comportait de[s] abris blindés avec canons-revolvers et des chambres souter-raines très profondes.

Enfin, au nord de Mesnil, nous avons repris les quelque[s] mètres de tranchées que nous avions conquis dimanche e[t] perdus lundi.

En Argonne, entre le Four-de-Paris et Bolante, nous avon[s] prononcé une attaque qui nous a rendus maîtres de la pre-mière ligne des Allemands sur une longueur de deux cent[s] mètres.

Le 21ᵉ fascicule paraîtra incessamment

Réclamer les fascicules précédents

NIORT. — IMP. TH. MARTIN

TYPO-LITHO.
Gravure
Th. MARTIN
IMPRIMEUR
NIORT
(D.-S.)